Prácticos
Claves para Vivir Mejor

El amor inteligente

Enrique Rojas
El amor inteligente
Corazón y cabeza:
claves para construir una pareja feliz

temas 'de hoy.

Biografía

Enrique Rojas, catedrático de Psiquiatría de la Universidad Complutense de Madrid (Facultad de Psicología) y director del Instituto Español de Investigaciones Psiquiátricas, pertenece a la generación de médicos humanistas que tanta tradición ha tenido en España y en el resto de Europa. Premio Conde de Cartagena de la Real Academia de Medicina de Madrid por sus trabajos sobre la depresión, y Médico Humanista del Año en España (1995), su obra ha sido traducida al francés, italiano, ruso, portugués, turco, inglés y alemán. Sus trabajos de investigación se han centrado en dos temas: las depresiones y la ansiedad. Ha diseñado dos escalas de evaluación de conducta para medir la ansiedad y el riesgo de suicidio. Sus ensayos han abordado la sexualidad, las crisis conyugales y la voluntad. De todos ellos, los siguientes han sido publicados con gran éxito: *Una teoría de la felicidad*, *Remedios para el desamor*, *La conquista de la voluntad*, *El hombre light*, *El amor inteligente*, *La ilusión de vivir*, *¿Quién eres?* y *Los lenguajes del deseo*.

Obra editada en colaboración con Ediciones Temas de Hoy – España

© 1997, Enrique Rojas Montes
© 2005, Ediciones Temas de Hoy, S.A.- Madrid, España

© 2006, Editorial Planeta Mexicana, S.A. de C.V.
Bajo el sello editorial TEMAS DE HOY M.R.
Avenida Presidente Masarik núm. 111, Piso 2
Colonia Polanco V Sección
Delegación Miguel Hidalgo
C.P. 11560, Ciudad de México
www.planetadelibros.com.mx

Diseño e ilustración de la portada: Hans Geel

Primera edición impresa en España en booket: abril de 2005
ISBN: 84-8460-349-0

Primera reimpresión impresa en México en booket: abril de 2006
Octava reimpresión: diciembre de 2016
ISBN-13: 978-970-37-0312-8
ISBN-10: 970-37-0312-7

Impreso en los talleres de Irema, S.A. de C.V.
Oculistas núm. 43, colonia Sifón, Ciudad de México
Impreso y hecho en México – *Printed and made in Mexico*

INDICE

*Para mi hermana Cristina, psiquiatra
y gran apasionada de la vida.*

PRÓLOGO

He querido publicar este libro por dos motivos. Uno, porque he observado que, así como en el siglo XVIII la razón fue alzaprimada por la Ilustración y el siglo XIX tuvo como reacción el Romanticismo, no se ha producido a lo largo de este siglo XX una interrelación de ambos, dando la impresión que siguen direcciones paralelas, pero no convergentes. Otro motivo es la pretensión de esclarecer un tema tan primordial como el de la vida afectiva, cuyo eje vertebra buena parte de la existencia humana, para bien y para mal.

La peor de las carencias es la ignorancia. *Comprender tarde es no comprender.* Hoy se ha producido cierta banalización de los sentimientos, que son tratados de forma epidérmica, frívola, insustancial, con una ligereza que es síntoma de una civilización enferma, neurótica.

Yo quiero ofrecer otra visión, más positiva y optimista, centrada en un amor coherente, que procura tener en su seno el menor número de contradicciones posibles. No quiero amores de revistas del corazón, ni historietas sentimentales reciclables.

Confundir la anestesia y la narcotización informativa con la esperanza es un grave error. Mucha gente, en Occidente, padece un cierto analfabetismo sentimental, cuyas consecuencias las encontramos a la vuelta de la esquina. Dicho en términos psicológicos, en los últimos años se ha ido produciendo una *socialización de la inmadurez sentimental.*

Que cada cual saque sus conclusiones prácticas de estas páginas es, para el autor de este libro, sobrado motivo de que ha merecido la pena este esfuerzo clarificador. Su arquitectura es un edificio de fundamentos teóricos con los que he buscado más la claridad que el lucimiento personal. Pienso que *a lo sencillo se tarda tiempo en llegar.* Cada uno es protagonista de su propio amor, de una historia que cuenta el largo, heroico, aguerrido y zigzagueante trecho que recorremos hasta saber a qué atenernos en esa selva compleja que es la afectividad.

Madrid, 11 de abril de 1997

I. LA EDUCACIÓN SENTIMENTAL

¿QUÉ ES EL AMOR?

Amor es una de esas palabras cargadas de múltiples sentidos. Explicarla con cierto rigor no es fácil, pues de ella hay un auténtico abuso. Conviene analizar con detenimiento el *conjunto de significados,* ya que es preciso matizarlos, aunque la tarea puede no parecernos útil si echamos una mirada a nuestro alrededor y vemos cómo se emplea el término en los grandes medios de comunicación social. *Su uso, abuso, falsificación, manipulación y adulteración* han conducido a una suerte de desconcierto que ha dado lugar a una tupida red de contradicciones.

Tener las ideas poco claras en algo tan primordial como el amor es, a la larga, dramático. Existe confusión ya desde la expresión, tomada del francés, *hacer el amor* para referirse a las relaciones sexuales; lo mismo ocurre con la de *unidos sentimentalmente* cuando alguien inicia una nueva andadura y la de *nueva compañera afectiva.* Vemos una mezcla de hechos, conceptos e intenciones, una trivialización del tema.

Durante décadas Occidente se ha preocupado en especial por la educación intelectual y sus rendimientos, pero ha descuidado el aspecto afectivo. Desde mi punto de vista, sería mejor buscar un *amor inteligente*, capaz de integrar en el mismo concepto ambas esferas psicológicas: los sentimientos y las razones. Algunos amores suelen ser bastantes ciegos cuando llegan y demasiado lúcidos cuando se van.

Para que esto no ocurra hay que intentar adentrarse en el estado de la cuestión y poner orden en esta jungla terminológica del amor, ya que la ignorancia o la confusión no son beneficiosas sino todo lo contrario.

Hay muchos tipos de amor, pero todos hilvanados por un mismo hilo conductor. Decirle a alguien «te amo» no es lo mismo que pensar «te deseo» o «me siento atraído por ti». Tales secuencias, próximas y lejanas, unen una serie de fenómenos que van desde el *enamoramiento* al *amor establecido*, y de ahí a la *convivencia*. Este trayecto de *lo carismático a lo institucional* es claro, decisivo, terminante. Supone la sorpresa de descubrir a otra persona e irse enamorando, para alcanzar una fórmula estable, duradera y persistente.

Ése es el verdadero camino del amor inteligente. Un verdadero enjambre de estados de ánimo: sentirse absorbido, estar encantado, dudar, tener celos, desear físicamente, percibir las dificultades de entendimiento, decepcionarse, volverse a entusiasmar; pero *las fronteras entre unos y otros son movedizas*. El hombre, como animal que es, tiene lo que necesita, se calma y deja de necesitar. *Es un animal en permanente descontento*: siempre quiere más. Por eso, el conocimiento del amor le conduce poco a poco hacia lo mejor. Tira, empuja, se ve arrastrado por su fuerza y su belleza. Su menesterosidad es biográfica. *El amor es lo más importante de la vida, su principal guión.* Lo expresaría de forma más rotunda: «Yo necesito a alguien para compartir mi existencia.» Algo frente a *alguien*. Pero para entender mejor el significado real de la palabra *amor*, la estudiaremos desde el punto de vista etimológico.

Amor deriva del latín *amor, -oris* y también de *amare*, por un lado, y *caritas,* por otro. *Amare,* del término etrusco *amino*, «genio de amor», se aplica de forma indistinta a los animales y a los hombres, ya que tiene un significado muy amplio: quiere decir «amar por inclinación, por simpatía», pues nace de un sentimiento interior, al contrario de *odi,* «odiar».

Cupido, el nombre del dios latino del amor, deriva de *cupere,* «desear con ansia, con pasión»; también de *cupidus,* «ansioso». En definitiva, es la personificación del amor. El griego tiene la expresión *Epws* (*Eros*), considerado el dios del amor en el mundo antiguo. La raíz de *Epws* se remonta al indoeuropeo *erdh,* y significa «profundo, oscuro, misterioso, sombrío, abismal, subterráneo». Este significado primitivo se mantiene en *Erda,* personaje sombrío y misterioso de la obra de Wagner *El oro del Rhin.*

En el mito griego, Eros tenía originariamente tal fuerza que era capaz de unir los elementos constitutivos del mundo. Después, el mito se restringió al mundo humano, y su significado fue el de la unión de los sexos, cuya representación plástica es un niño alado (rapidez) provisto de flechas. Del *eros* griego pasamos al *agape* cristiano, que significa «convivir, compartir la vida con el amado». Ambas concepciones nos introducen en la psicología y la ética del amor, y a pesar de esta variedad, hay en el significado de *amor* una idea esencial y común en todos ellos: la *inclinación*, la *tendencia a adherirse a algo bueno*, tanto presente como ausente.

Además, *amor* es una palabra que encontramos en todo el ámbito internacional: *love* en inglés; *amour* en francés; *amore* en italiano y *Liebe* en alemán, aunque este último idioma utiliza la expresión *Minne* en el lenguaje más coloquial, en desuso en la actualidad.

La definición del vocablo *amor* y sus múltiples connotaciones y significados nos dan muestra de la gran riqueza léxica del castellano: *querer, cariño, estima, predilección, enamoramiento, propensión, entusiasmo, arrebato, fervor, admiración, efusión, reverencia...* En todas hay algo que se repite como una constante: la *tendencia hacia algo, que nos hace desear su compañía y su bien.* Esta dimensión de tender hacia algo no es otra cosa que *predilección*: preferir, seleccionar, escoger entre muchas cosas una que es válida para esa persona.

Pero hay una diferencia que conviene subrayar ahora, la establecida entre *conocimiento* y *amor.* El primero entraña la *posesión intelectual* mediante el estudio y el análisis de sus componentes. El segundo tiende a la *posesión real* de aquello que se ama en el sentido de unirse de una forma auténtica y tangible. *Amor y conocimiento son dos formas supremas de trascendencia,* de superación de la mera individualidad, que presupone el deseo de unión. La fórmula clásica cobra en este momento toda la seguridad del mundo: *no se puede amar lo que no se conoce.* A medida que uno se adentra en el interior de otra persona y lo va descubriendo, se puede producir la atracción. *La intimidad y sus recodos son un fértil campo de atracción magnética que empuja al enamoramiento.* Aprender a amar con la razón es recuperarse del primer deslumbramiento y otear el horizonte. Pero hay que intentar que *deslumbre sin iluminar.* El sentimentalismo puro ha pasado a la historia, lo mismo que el racionalismo a ultranza. Ambos tienen que entender y superar sus diferencias, ya que están condenados a convivir. Y explicarlo es el objetivo de este libro. La educación occidental ha privilegiado la razón abstracta como único camino para llegar lo más lejos posible, y ha desdeñado la parcela afectiva, modelo erróneo que ha ocasionado grandes fracasos.

Usos de la palabra *amor*

El amor es una complicada realidad que hace referencia a múltiples aspectos de la vida, que podemos exponer del siguiente modo:

1. *Amor de amistad*: relación de amistad o simpatía que se produce hacia otra persona, que ha

de ser de cierta intensidad, lo que supone un determinado nivel de entendimiento ideológico y funcional. El *amor de amistad* es uno de los mejores regalos de la vida, gracias al cual es posible percibir la relación humana como próxima, cercana, llena de comprensión. Laín Entralgo ha definido esta relación como «una peculiar relación amorosa que implica la donación de sí mismo y la confidencia: la amistad queda psicológicamente constituida por la sucesión de los actos de benevolencia, beneficencia y confidencia que dan su materia propia a la comunicación». Vázquez de Prada en su *Estudio sobre la amistad* da algunos ejemplos históricos: David y Jonatan, Cicerón y Ático, Goethe y Schiller; en todos ellos hay intimidad, confidencia y franqueza, porque la amistad siempre implica vinculación amorosa.

2. *Amor en las relaciones interpersonales*: amor de los padres a los hijos y viceversa; amor a los familiares, a los vecinos, a los compañeros de trabajo... En cada una de estas relaciones la vibración amorosa será de intensidad distinta, según la cercanía o alejamiento que exista de la misma.

Asimismo tiene lugar el amor referido a cosas u objetos inanimados: amor a los muebles antiguos, al arte medieval, al Renacimiento, a la literatura del Romanticismo...; en una palabra, lo que comúnmente conocemos como apego o cariño a algo que va ligado a nosotros.

3. *Amor a temas ideales*: la justicia, el derecho, el bien, la verdad, el orden, el rigor metodológico... En este sentido, la palabra *amor* manifiesta el significado de inclinación.

4. *Amor a actividades o formas de vida*: la tradición, la vida en contacto con la naturaleza, el trabajo bien hecho, la riqueza, las formas y los estilos de vida clásicos... Sobre gustos hay muchas cosas escritas: cada uno refleja una forma preferente de instalación en la realidad.

5. *Amor al prójimo*: en su sentido etimológico y literal: a las personas cercanas a nosotros y, por tanto, al hecho de ser hombre, como a todo lo que ello implica.

6. *Amor entre dos personas*: la pareja brilla con luz propia. El análisis del mismo nos ayuda a comprender y clarificar los anteriores usos de esta palabra. Es tal la grandeza, la riqueza de matices y la profundidad del amor humano, que nos revela las cualidades de cualquier otro tipo de amor.

El amor es una vía principal de conocimiento personal, donde se encierra el verdadero valor de un individuo en sus múltiples facetas, desde lo físico a lo psicológico, pasando por lo espiritual y cultural. Sus entresijos y recovecos suelen ser interminables.

Cuando se habla del amor entre dos personas, el enamoramiento tiene que ser el obligado punto de partida; la referencia de la que salen los radios que harán funcionar el carro del amor. Más tarde vendrán las dificultades de la travesía, pero es una de las tareas de cualquier recorrido. Francesco Alberoni en su libro *Te amo* [1] habla del *estado naciente*, experiencia universal de encantamiento en la

---

[1] Gedisa, Barcelona, 1996.

que él ve todo el nacimiento de la cultura; pretende apostar por un vínculo exclusivo y duradero que es hacer y convertir ese amor en algo culto y consistente.

Dicho de otro modo, poner orden en ese sinfín de palabras que se juntan en torno al término *amor*: sentirse atraído, desear, querer, gustar, no poder olvidar...

Es preciso *huir de los tópicos del amor*, porque uno se pierde cuando llegan las dificultades, que inevitablemente irán pidiendo paso, como algo natural. Lo importante es que cuando miremos hacia atrás tengamos una visión retrospectiva con fundamento para ir diseñando el *atlas personal de la geografía* por donde conviene introducirse. Este atlas reúne todos los elementos habituales que vemos al movernos por la realidad: valles, collados, ríos secos y navegables, paisajes serenos y encrespados; es decir, todo lo bueno y lo malo que nos sucede en la vida real, las vicisitudes y los malos tragos por un lado, y las alegrías y épocas tranquilas por otro. Todo eso misteriosamente apelmazado y disperso y, a la vez, bien diferenciado.

El mundo del amor forma un complejo sistema de referentes, remitentes y preferentes que han de desvelar el común deseo de saber y entender, pero buscando la verdad sobre los hombres; lo auténtico sobre lo que son, lo que significan y las consecuencias de los sentimientos. Porque *los mercaderes del templo venden el amor rebajado y cambiando su género*.

El amor afecta a todo el entorno: físico, psicológico, profesional, social y cultural. Se introduce por sus estructuras y da vida o la quita. San Agustín decía: «*Requies nostra locus noster*» (Nuestro descanso es nuestro lugar).

Este amor del que hablamos es extender el *yo* hacia el *tú* para formar un *nosotros*; una asimilación con la otra persona. Por eso, *enamorarse es enajenarse*, hacerse ajeno, ampliarse, formar una unidad más extensa y profunda. *El amor auténtico hace a la persona más completa.*

7.   *Amor a Dios.* Para el creyente, Dios constituye una razón de ser primordial. Estamos viviendo en la sociedad actual un *neopaganismo,* con la aparición de dioses de la historia universal que conviven con otros nuevos como el sexo, el dinero, el poder y el placer.

Además, hay otros dioses, como el relativismo, la permisividad, la ética indolora, el llamado *new age,* las normas morales a la carta...

Pero el Dios judeo-cristiano es Alguien. El cristianismo no supone una filosofía de vida, ni un conjunto de ideas personales y sociales que ayudan al ser humano a sobrellevar mejor las dificultades de la vida, sino un modelo cuya *esencia es una persona, Jesucristo, seña de identidad,* punto de referencia capaz de iluminar con su esplendor todos los ámbitos del quehacer humano. *Este amor debe ser personal, recíproco, amistoso, tejido de diálogo, y en él las diferencias se limarán por la grandeza de Dios.*

La afectividad constituye uno de los capítulos más importantes de la psicología y la psiquiatría.

De las dos funciones psíquicas principales del comportamiento humano, la *inteligencia* y la *afectividad,* se derivan y distinguen dos tipologías humanas: el individuo predominantemente cerebral, por un lado, y el hombre esencialmente afectivo, por otro. Entre ambos se sitúa un estado intermedio de estilos y formas de ser.

Las demás funciones psicológicas (percepción, memoria, pensamiento, lenguaje, actividad...) tienen vida propia, pero de algún modo están supeditadas a estas dos: la inteligencia y la afectividad. Tal vez tendríamos que mantener en la misma línea la *conciencia,* la herramienta que hace que percibamos la realidad.

La definición de *afectividad* no es fácil. Trazar un perfil claro y bien delimitado de este campo entraña serias dificultades. Todos sabemos algo de ella, pero pocos nos atrevemos a establecer una noción rotunda y de aspectos nítidos que sintetice la frondosidad de fenómenos que en ella confluyen.

A continuación explicaré algunos aspectos esenciales de la afectividad:

1. Es una *experiencia personal.* El individuo la vive. No es, pues, algo que le cuentan o de lo que es informado por una tercera persona, sino un sentimiento que él mismo protagoniza. Esto es lo fundamental.

2. El *contenido de la vivencia* es un estado de ánimo que se manifestará a través de las principales expresiones afectivas: emociones, sentimientos, pasiones y motivaciones. Esas cuatro categorías internas encierran las formas de experimentar la afectividad.

3. Toda vivencia deja una *huella* y el impacto de dicha experiencia un rastro, una especie de vestigio en la personalidad. La significación del mismo dependerá del *tema,* la *intensidad* y la *duración.* Según esas tres notas, así será el curso posterior de la vivencia.

Trataré de explicar de una forma más clara qué es la afectividad. Un ejemplo extraído de la vida diaria nos dará la pista.

Vienen a verme a la consulta tres personas: un enfermo, su mujer y un amigo.

El *enfermo* tiene una depresión: está triste, decaído, sin ganas de nada, habla muy poco y cuando lo hace es para decir que su problema no tiene solución, que quiere morirse, que no puede vivir así. Junto a este abatimiento general se observa un enlentecimiento muy marcado de toda su conducta.

La *mujer* que le acompaña dice que su problema es tan suyo, invade tanta parte de ella, que podemos afirmar sin temor a equivocarnos que es también actriz esencial del cuadro que presenciamos. No lo contempla, lo vive. Sin embargo, el *amigo* está ya más distante de lo que allí se está viviendo; es evidente que algo de lo que sucede le impregna —si no, no estaría allí—, pero con otra densidad y cualidades distintas.

Finalmente, nos encontramos con el *médico*, presente en la escena por su faceta profesional. Su misión es ayudar a este hombre a que se cure y supere ese estado melancólico terrible. De algún modo se juega un poco su prestigio.

Este recorrido nos muestra cómo un mismo hecho se vive de muy distintas maneras. *La afectividad es el modo como somos afectados interiormente por las circunstancias que se producen en nuestro alrededor.* En cada uno de los personajes anteriores encontramos lo subjetivo.

Hoy el estudio de la afectividad ha cambiado y se ha hecho más amplio. Abarca tres dimensiones más:

1. La *fisiología* de ese estado afectivo, es decir, los síntomas y las sensaciones físicas que la acompañan;

2. La *conducta,* el comportamiento que se registra a través de la observación externa;

3. La vertiente *cognitiva* y las percepciones, los contenidos de la memoria, las ideas, los pensamientos, los juicios... tal como son en el curso de la misma.

¿ME SÉ ENCONTRAR A MÍ MISMO?

Todo lo referente a la afectividad consiste en un cambio interior que se lleva a cabo de forma brusca en unos casos o paulatina y sucesiva en otros, y que va a significar un *estado singular de encontrarse uno consigo mismo,* de darse cuenta de la realidad personal, pero partiendo de esa modificación interior.

Definir la estructura de la afectividad implica adentrarse en todos los angostos y serpenteantes vericuetos y buscar los aspectos principales que definan el ámbito emocional de una persona. Es la tarea primordial del psiquiatra, quien se introduce en la vida del paciente a través del corazón o los sentimientos, con entusiasmo, con tesón, buceando en cada rincón del mismo. No hay que olvidar que la *intimidad humana es densa y compleja*, está llena de parcelas desconocidas y aspectos complejos. De ahí que tantas veces los sentimientos sean un enigma; los estudiamos, los clasificamos, somos conscientes de sus cambios y de las consecuencias de los mismos, pero debemos tener presente que hay muchos momentos imprevisibles. Éste es el aspecto arriesgado de los sentimientos, puesto que no podemos decidir sobre el momento de su manifestación.

El sentimiento más noble que puede habitar en el ser humano es el *amor,* palabra, como hemos dicho, falsificada en la actualidad debido al abuso, la manipulación y la adulteración que se ha producido. Por ello, convendría precisar, a la hora de referirnos a él, de qué tipo de amor estamos hablando. Hay que impedir a toda costa —todavía estamos a tiempo— que este término se trivialice y entre a formar parte del materialismo imperante. Debemos volver a describir su auténtica grandeza, su fuerza, su belleza, su placidez; pero también sus exigencias. En definitiva, descubrir *su profundidad y su misterio.*

El amor para Platón era «el gozo y el deseo de

engendrar en la belleza»; para los neoplatónicos, la ruta fundamental del conocimiento. Platón decía: «El amor es como una locura (...), un dios poderoso que produce el conocimiento y lleva al conocimiento.» En su obra *El banquete* se esfuerza por demostrar que *el amor perfecto se manifiesta en el deseo del bien*; el forastero de Mantinea muestra a Sócrates al final de esta obra que el amor es la contemplación pura de la belleza absoluta.

Ortega y Gasset nos dice en *Estudios sobre el amor*[2] que amar una cosa es empeñarse en que exista. Para Joseph Pieper amar es aprobar, celebrar que lo amado está presente, cerca de uno.

El amor es el sentimiento más importante de todos y en torno a él se desarrollan estados sentimentales relativamente parecidos, pero de cualidades diferentes.

La forma habitual de manifestarse la afectividad es a través de los sentimientos, su cauce más frecuente. El término aparece por primera vez en el siglo XII, pero ya en la segunda mitad del siglo X surge la expresión *sentir*, del latín *sentire*, «percibir por los sentidos», «darse cuenta», «pensar», «opinar». Entre los siglos XII y XIII aparecen las palabras *sentimental, sentimentalismo, resentimiento*. Es en el siglo XVII, con Descartes, cuando *sentimiento* aparece por primera vez de una forma precisa y concreta: designa estados interiores pasivos difíciles de descubrir, como si se tratara de impresiones fugitivas.

---

[2] Alianza Editorial, Madrid, 1995.

El pensamiento cartesiano distinguirá entre *estados simples* y *estados complejos*. Pascal, por otra parte, en su obra *Pensamientos*, opone el sentimiento a la razón, concepción vigente durante más de un siglo. En esa misma línea se encuentran los moralistas franceses e ingleses (La Rochefoucauld, Vauvenargues y Shaftesbury), que llevarán a la práctica el concepto moderno de emoción. Malebranche, discípulo de Descartes, describe el sentimiento como una impresión de tonalidad confusa, con ingredientes psicofísicos; su gran mérito fue haber delimitado el carácter irreductible y subjetivo, demostrando su importancia a nivel individual, como modificador de una trayectoria biográfica.

Más tarde, Leibniz abre una vía más intelectual de los sentimientos al afirmar: «*Tout sentiment est la perception confuse d'une vérité.*» Kant habla de las tres facultades del alma: el conocimiento, el sentimiento y el deseo.

Por su parte, el Romanticismo hizo una exaltación del mundo sentimental, elemento decisivo para la creación artística, con dos notas características: su residencia en la máxima humana y su capacidad para revelar el principio infinito de la realidad.

Para la psicología y la psiquiatría modernas *el sentimiento es un estado subjetivo difuso que tiene siempre una carga positiva o negativa.* Esto significa que no existen sentimientos neutros. Por tanto, la experiencia interna es siempre de aproximación o rechazo.

Los sentimientos invitan al hombre a una excursión por las partes y el interior de su intimidad.

Estas distinciones psicológicas son importantes, si queremos tener las ideas claras sobre algo tan fundamental como la edificación personal de *un amor inteligente,* cuyo camino más frecuente es el *sentimiento.* La amistad sería uno de sus principales exponentes, así como las relaciones afectivas sólidas gracias a los años y las raíces. La *emoción,* por el contrario, no es tan usual, ya que aparece cuando alguien vibra con algunas experiencias singulares de forma tal que se expresa físicamente. Entre estos estados cabe destacar: el *miedo,* la *ansiedad,* la *crisis de pánico,* la *alegría desbordante* por haber conseguido algo que se ha perseguido durante años... En una escala superior situamos la *pasión:* tiene la misma intensidad —al menos— que la emoción, pero la carga afectiva o sentimental es tan alta que con frecuencia conduce a desdibujar o emborronar la razón, así como al acto de razonar.

Su derivación latina, *passion, -is,* procede a su vez de *pati,* que significa «padecer» o «ánimo que perturba la razón». La intensidad de la pasión arrastra al arranque, a vivir esa circunstancia que la produce con ardor y vehemencia. Es entonces cuando la inteligencia o la razón permanecen en un segundo plano, junto con el conocimiento y el juicio. Aristóteles decía que las pasiones eran una de las cuatro categorías vitales primordiales y las contraponía a las que conducen a la acción.

La pasión es, pues, una modificación intensa y de cierta permanencia de la afectividad, que puede llegar a acompañarse de descargas vegetativas [3]. Es posible que esta modificación intensa conduzca a la *alteración* —que en sentido etimológico quiere decir «acción del otro» o conducta dirigida desde ese origen al exterior—, que comporta una sacudida capaz de romper la forma de ser habitual de cada uno. [4] Esta variante psicológica, extrapolada al terreno del amor conyugal, si no se le controla o sujeta a tiempo, puede tener unas consecuencias muy negativas y llegar incluso a hacer mella en nuestra trayectoria biográfica.

La cuarta vía de aproximación a la afectividad es la *motivación*: todo aquello capaz de empujar la existencia hacia el futuro, el mañana, aunque la meta esté lejana y no se vea o se haya perdido la perspectiva y el camino por donde encontrarla. La psicología moderna tiene aquí un fuerte punto de

---

[3] Síntomas físicos similares a los de la emoción, pero más fuertes: taquicardia, sudoración excesiva, temblor de manos y pies, dificultad respiratoria (disnea)...

[4] Ya el español Luis Vives, en el Renacimiento, decía que las pasiones mueven el alma e influyen en la percepción de la realidad. Descartes, en el siglo XVII, describe en su libro *Las pasiones del alma* las seis que él considera primordiales: amor-odio, alegría-tristeza, admiración-rechazo. Pero el concepto de pasión nace, en sentido estricto, entre los siglos XVII y XVIII, sobre todo a nivel intelectual. Su diferenciación de la emoción se produce a finales del XVIII, ya en pleno Romanticismo. Maine de Biran, pensador y político francés (1766-1824), definió funciones corporales para cada una de las pasiones activas y pasivas.

apoyo para explicar el porqué de muchas conductas. También el amor se va a ver influido poderosamente por ella.

El enamoramiento es una emoción apasionada que se experimenta hacia alguien y que en la juventud es más fuerte que en épocas posteriores. A medida que pasa el tiempo todo se desliza más hacia el plano de los sentimientos, la ruta normal de la afectividad tras los momentos estelares. El tiempo o la madurez se encargan de que seamos capaces de consolidar un amor estable, rico, armonioso, tejido e hilvanado de reciprocidad.

Cuando nos adentramos en la vida privada nos encontramos con *varios registros que miden la calidad y la cantidad de la afectividad,* termómetros que nos pondrán sobre el tapete lo que está sucediendo en nuestro sentimiento:

1. *Intensidad* y *duración.* La intensidad mide la fuerza expresiva interior y expresa lo *cualitativo.* La duración se refiere al tiempo transcurrido en la vivencia, lo *cuantitativo.*

2. *Frecuencia.* Se trata del número de veces que puede contabilizarse dicha vivencia. La primera vez, por el carácter de novedad, ésta tiene un significado especial, que será diferente tras la repetición, aunque se modifiquen algunos matices.

3. *Respuesta.* Nos referimos a una *relación estímulo-respuesta,* a la reacción posterior que también en el mundo sentimental puede ser medida y calificada. Hoy la psiquiatría cuenta con instrumentos de medida para los más diversos estados de áni-

mo: escalas de evaluación conductual para la depresión, la ansiedad, los miedos, las fobias, los temores, la felicidad... Generalmente estas escalas hacen referencia a cuestiones muy concretas, con cuatro opciones de respuesta respecto a la intensidad, a través de las cuales el individuo expresa lo que siente (autoaplicada) o por medio de las preguntas que le hace el médico psiquiatra, el psicólogo o alguna persona del equipo que hace el estudio psicológico (heteroaplicada).

4. *Lenguaje verbal y no verbal.* Son dos manifestaciones de conducta muy interesantes. Lo que se dice y expresa hablando, y todo lo que se observa de los gestos faciales, las manos y el cuerpo como retrato y reflejo. En la psiquiatría moderna también se puede recoger todo esto mediante un inventario operativo, que cuantifica lo cualitativo.

5. *Aspectos cognitivos.* Nuestra mente, de alguna manera, funciona como un ordenador que recibe información (*input*), la procesa, la ordena, la almacena y la clasifica, y posteriormente produce unas señales de salida (*output*). La psicología cognitiva estudia cómo se procesa la información que se recibe mediante el soporte físico (*hardware*) y el soporte lógico (*software*), términos ambos muy comunes en el mundo de la informática. Aquí se observan unas leyes, unos principios, que oscilan desde cómo se guardan las imágenes sensoriales a las estructuras de la memoria, pasando por los niveles de codificación, los procesos del olvido o la asociación de ideas y pensamientos. Este campo particular de la psicología estudia, por tanto, la atención, la me-

moria, el pensamiento, la comprensión lógica, las fórmulas del razonamiento deductivo, inductivo, proposicional...

Cuando alguien se está enamorando y lo hace por primera vez, se puede llevar a cabo un seguimiento del mapa sentimental mediante la *intensidad*, la *frecuencia o duración*, la *respuesta* (medida ésta por sus dimensiones bipolares: placer-displacer, alegría-tristeza, tensión-relajación, aproximación-rechazo y activación-bloqueo), el *lenguaje verbal y no verbal* y, por último, el *aspecto cognitivo*. De ahí surge un trabajo bien definido que nos permite realizar un análisis prospectivo aproximado de lo que va a suceder, sobre todo si disponemos de más datos de las personas en cuestión.

CLASIFICACIÓN DE LOS SENTIMIENTOS

El ámbito de los sentimientos exige un orden y una sistematización lo más acertada posible sobre todo lo que ocurre en su seno. Además de la definición ya expresada, *el sentimiento tiende hacia un objeto* (aproximación) *o se dirige en su contra* (rechazo), *presidido por un estado de ánimo*. Es decir, hay una distinción bastante clara entre la inteligencia, la voluntad y los sentimientos. Mientras la inteligencia pretende conocer la realidad, distinguiendo lo accesorio de lo fundamental, la voluntad es la capacidad para querer algo con una cierta firmeza, y conseguirlo eligiendo una cosa y renunciando a otras. Si la inteligencia abre una ventana para acercarse a lo que ve, la voluntad implica decidirse, optar por un camino y avanzar, pero con el útil imprescindible de la motivación. En cambio, *el sentimiento es un paisaje interior que refleja lo que está sucediendo en la intimidad del hombre.*

En la siguiente tabla aparecen los principales tipos de sentimientos que se pueden manifestar. Es importante dilucidar las diferencias e intentar agruparlos de alguna manera, pero no es fácil, ya que en bastantes ocasiones se imbrican algunos con significados y contenidos en principio distantes, lo que les otorga un carácter singular muy difícil de expresar por parte del que los padece.

Clasificación de los sentimientos

1.	Según Max Scheler	sensoriales vitales psíquicos espirituales
2.	Pasajeros y permanentes.	
3.	Superficiales y profundos.	
4.	Simples y complejos.	
5.	Motivados e inmotivados.	
6.	Positivos y negativos.	
7.	Noéticos y patéticos.	
8.	Activos y pasivos.	
9.	Impulsivos y reflexivos.	
10.	Orientativos y cognitivos.	
11.	Con predominio del pasado, del presente o del futuro.	
12.	Fásicos y arrítmicos.	
13.	Gobernables e ingobernables.	

A continuación detallamos la clasificación:

1. *Sentimientos sensoriales, vitales, psíquicos* y *espirituales*. Esta clasificación viene definida desde el punto de vista clínico, y nos detendremos en la *sistematización* de Max Scheler, que estableció estas cuatro tipologías o categorías distintas.

— Los *sentimientos sensoriales* son inmotivados, proceden del interior o interioridad personal, aunque pueden desencadenarse por lo que se denominan *life events* [5]. Por tanto, las características son las siguientes: *inmotivados* esencialmente, aunque en ocasiones pueden ponerse en marcha de alguna forma a través de esos elementos desencadenantes; *localizados*, puesto que se expresan en una zona concreta del cuerpo; esto lo refiere el individuo haciendo comentarios como los siguientes: «Es como si ese miedo lo tuviera cogido aquí, a la garganta, y no pudiera tragar», «tengo la pena cogida en el estómago, como un come-come triste que no me deja», «siento una opresión en el pecho como de desaliento, como si me fuera a pasar algo». Como veremos, en casi todo lo que respecta al campo sentimental, las descripciones de los enfermos se apo-

---

[5] Literalmente, significa «acontecimientos de la vida». En este grupo se incluyen todas aquellas reacciones psicológicas desencadenadas por estímulos procedentes del exterior y que constituyen un auténtico inventario de factores que van desde los fracasos afectivos a los problemas laborales, pasando por un larguísimo etcétera de aspectos intrascendentes y no demasiado graves.

yan lingüísticamente en una fórmula verbal concreta: *es como si* [6].

— Los *sentimientos vitales* son también *inmotivados,* pero se plasman somáticamente *en toda la geografía corporal, de forma global y no localizada* como en los anteriores. A continuación exponemos literalmente algunas de sus manifestaciones, como por ejemplo la afirmación de un enfermo depresivo: «Estoy agotado por la mañana, ya en el momento de levantarme, es un cansancio no debido a nada, anterior al esfuerzo, que me deja sin energías y sin ánimo.»

Un enfermo afectado de crisis periódicas de angustia cuenta: «Tengo como un sobresalto por todo el cuerpo, de la punta del pelo de la cabeza hasta los pies... Es una sensación rara de falta de sosiego, como si me fuera a pasar algo y mi cuerpo ya lo estuviera presintiendo.» En ambos casos observamos cómo los sentimientos se desparraman por todo el cuerpo, sin recalar en una parcela delimitada.

— Los *sentimientos sensoriales y vitales* se suelen manifestar *unidos* y son específicos de los *desórdenes emocionales,* principalmente las depresiones y los trastornos angustiosos.

---

[6] Esto ocurre no sólo con lo que se refiere al plano de la *afectividad,* sino también en lo relativo al *yo,* ese centro de la personalidad. En ambos ámbitos psicológicos el discurso del individuo es poco preciso y, por tanto, recurre a este apoyo lingüístico.

Una observación complementaria: es de personas singulares saber adentrarse en sus sentimientos y contarlos lo más explícitamente posible. El hombre medio los pone al descubierto de forma demasiado elemental y simple, como si se tratara de algo epidérmico. Todo esto es válido para la ansiedad.

— Los *sentimientos psíquicos*, también llamados del *yo*, son *motivados*. Una primera característica es que existe alguna causa o razón, o sea, tienen un fundamento. Un segundo rasgo que los define es que son *comprensibles*: tiene sentido que se produzcan. Por último, y a diferencia de los dos anteriores, *no presentan trastornos somáticos*. Existe una *tristeza psicológica* que se puede producir por la muerte de un ser querido, por una dificultad económica de cierta importancia, por algo de la vida ordinaria que ha sido negativo o que no ha salido. Esta tristeza tiene un motivo, podemos ver relaciones de sentido en su producción y, por último, salvo que se trate de algo de capital trascendencia [7], no tiene ninguna resonancia somática.

En el lenguaje popular se dice «comprendo que estés triste» para dar a entender [8] que uno se ha puesto en el lugar del otro y capta en toda su profundidad lo que ha significado ese hecho. Este

---

[7] Ante la pérdida de seres queridos, ante frustraciones afectivas muy serias (sobre todo en las mujeres) o graves dificultades profesionales (especialmente en el hombre), pueden aflorar de forma intermitente algunos síntomas: taquicardia, crisis psicomotora, hipersudoración, sequedad de boca...

[8] Hemos utilizado dos conceptos similares: *comprender* y *entender. Entender* significa etimológicamente «tender hacia el otro», «introducirnos en su situación» o, dicho en términos coloquiales, «ponernos en su lugar». *Comprender* procede del latín *comprehendere*, «abarcar, abrazar»; es decir, que si por la primera operación psicológica soy capaz de ponerme en el lugar de otra persona, gracias a esta nueva tarea amplío las dimensiones de la realidad, de tal modo que *lo abrazo, lo rodeo por todas partes*. En medicina, buscar el sentido de un síntoma es comprender lo que ese síntoma significa, y así podemos decir que *comprender es aliviar*.

estado de ánimo nunca puede ser patológico, salvo que la reacción que origine sea desproporcionada en relación con el estímulo, en especial en dos aspectos: el cuantitativo y el cualitativo. [9]

— Los *sentimientos espirituales* son trascendentes, van *más-allá de-la-realidad-personal.*

2. *Sentimientos pasajeros y permanentes.* En los primeros todo es *transitorio y fugaz*, responde a un primer entusiasmo que se desvanece en poco tiempo; son frecuentes en la adolescencia y en las personas inmaduras, incapaces de calibrar una relación afectiva de forma adecuada, sabiendo que el suceso de los sentimientos necesita tiempo para echar raíces.

En los segundos *o sentimientos permanentes no existe el aspecto fugaz y efímero*; por el contrario, suele faltar ese desbordante entusiasmo esencial, su génesis es más pausada, pero poco a poco se va haciendo más estable y duradero, arraigando con fuerza y persistiendo en una estabilidad progresiva.

3. *Sentimientos superficiales y profundos.* Los sentimientos superficiales son aquellos que de alguna manera forman el entramado diario de nuestra vida, los que *afectan a la capa más epidérmica* de

---

[9] Entraríamos así de lleno en las llamadas *reacciones vivenciales anormales*, que son patológicas y dan lugar a *vivencias* y *comportamientos* que pueden ser el punto de partida de ciertas futuras enfermedades psíquicas.

La cuestión tiene muchas laderas, pero por todas ellas la misma conclusión: la personalidad aún no ha madurado y es la responsable de este tipo de manifestaciones.

nuestra intimidad y personalidad. Por tanto, no dejan huella y desaparecen con rapidez.

Los sentimientos profundos son de signo justamente contrario, *afectan más interiormente a la psicología* y, de alguna manera, la conmueven, la alteran, la distorsionan. Su impacto deja una señal, una marca, un rastro de lo que en realidad han significado para uno. En ocasiones, esa profundidad puede ser terrible: si su paso es negativo, estamos ante los *traumas biográficos*; si es positivo, ante los *recuerdos gratificantes.*

4. *Sentimientos simples y complejos.* Los sentimientos simples se caracterizan por un *contenido elemental, claro y preciso*; los complejos por *distintos modos,* lo que convierte la experiencia vivencial en algo *sui generis,* infrecuente, extraño y, por consiguiente, difícil de exteriorizar; tal es el caso del individuo que siente simultáneamente alegría y tristeza, por ejemplo, lo que puede suceder en la madre que ve que un hijo se casa; por una parte, está contenta, tiene la satisfacción de ver que su hijo sigue su propia trayectoria, que ha encontrado a la persona adecuada para compartir su vida, pero, por otra parte, está triste, porque se va de casa, se aleja definitivamente y el tiempo ya no volverá hacia atrás, a esos años de la infancia y la juventud pasados.

5. *Sentimientos motivados e inmotivados.* Los motivados tienen como principal exponente la *comprensión,* y como objetivo buscar un motivo que justifique ese *humor afectivo* [10]. Los sentimientos in-

_____
[10] También se denominan *sentimientos dirigidos.*

motivados son característicos de los niños y los adolescentes, que aún no tienen una afectividad sólida, pues presenta *oscilaciones imprevistas* que los traen y los llevan de una manifestación afectiva a otra. Asimismo, predominan en todas las enfermedades depresivas y ansiosas, cuyos movimientos anímicos son sobre todo injustificados.

6. *Sentimientos positivos y negativos.* Las primeras clasificaciones de los sentimientos se basaban en parejas antinómicas: *alegría-tristeza, placer-displacer, tensión-relajación.* La antropología y la psicología tradicional han subrayado que son los sentimientos *negativos* los que más ayudan a que madure la personalidad, aunque parezca lo contrario. De ahí que la ansiedad, siempre que no sea patológica en exceso, resulta beneficiosa en la medida que obliga a interrogarse por aspectos esenciales de la condición humana: ¿de dónde venimos?, ¿a dónde vamos?, ¿cuál es el sentido de la vida humana?, ¿por qué el hombre ofrece tantas contradicciones?, etc.

7. *Sentimientos noéticos y patéticos.* En los sentimientos noéticos el contenido es preferentemente *intelectual* y en los patéticos, puramente *afectivo.* Sin duda, los patéticos son los sentimientos *per se,* los más auténticos.

8. *Sentimientos activos y pasivos.* En los pasivos domina el *dejarse invadir* y encontrarse *instalado* en una vivencia determinada. En los activos se produce la *necesidad de tomar parte* y actuar en relación con el hecho vivido. Por ejemplo, la angustia es más pasiva o estática porque parece algo más

profundo, y deja en un fuerte estado de parálisis a quien la sufre. Sin embargo, la ansiedad es más activa o dinámica, pues hay una nota de constante preocupación, de querer afrontar el compromiso temeroso haciendo algo. [11]

9. *Sentimientos impulsivos y reflexivos.* En los sentimientos impulsivos *se activa un dispositivo* en el instante en que se produce el cambio afectivo; en los reflexivos se produce una *invitación al recogimiento* y al análisis interior privado, en un intento de comprender lo que ha sucedido y el porqué de su significado.

10. *Sentimientos orientativos y cognitivos.* En los sentimientos orientativos se fragua una tendencia, que no es sino la elección de una trayectoria a raíz de los mismos, con el fin de buscar un derrotero adecuado al contenido.

Los sentimientos cognitivos, por su parte, están cargados de conocimiento.

11. *Sentimientos con predominio del pasado, del presente o del futuro.* En cada uno de ellos el factor tiempo es primordial: puede ser *retrospectivo* (la tristeza, la melancolía, el aburrimiento...), permanecer en el *presente* (vivencias oceánicas de Nietzsche) o tener perspectiva de *futuro* (la ansiedad) [12].

---

[11] Por eso podemos decir desde un punto de vista clínico que la angustia produce una *reacción asténica* de debilidad general, falta de fuerza y agotamiento, mientras que la ansiedad origina una *reacción asténica* de sobresalto, inquietud y dinamismo.

[12] En el estado de ansiedad lo que en realidad se produce es una *borrachera de un futuro cargado de temores y malos presagios,* donde

12. *Sentimientos fásicos y arrítmicos.* Ambos quedan definidos por un curso *regular* o *irregular.* Los fásicos son aquellos que se producen de forma cíclica, periódica, y se dan especialmente en los *trastornos depresivos mayores,* sobre todo en las formas *bipolares* y también en las *depresiones enmascaradas* y en los *equivalentes depresivos.* Es más, esta forma evolutiva suele ser estacional, dándose más en primavera y en otoño. Asimismo, los sentimientos fásicos se observan en la vida genital femenina, sometida a ese ritmo tan característico.

Los sentimientos arrítmicos se registran básicamente en los *trastornos afectivos específicos* y en los *trastornos afectivos atípicos,* aunque su presentación puede ampliarse al círculo de los trastornos *por ansiedad,* a los *disociativos* y a los *de la personalidad.*

13. *Sentimientos gobernables e ingobernables.* Sería más correcto expresarlo de otro modo: *esperados* e *inesperados.* En los primeros la persona tiene capacidad para *controlarlos* y dirigir su rumbo. Para ello hace falta cierto autocontrol psicológico y un buen conocimiento de uno mismo. Es el camino por el que nos encontramos con los *sentimientos maduros.*

En los sentimientos ingobernables sucede lo

---

la imaginación da rienda suelta a pensamientos pesimistas, negativos, marcados por la incertidumbre. Los psiquiatras tranquilizamos muchas veces a nuestros enfermos de ansiedad sólo con dos cosas: comprendiendo lo que les sucede y haciéndoles ver qué es lo que les pasa y por qué. Por otra parte, la utilización de fármacos *ansiolíticos* es esencial para la remisión clínica del cuadro.

contrario, ya que pueden darse por dos motivos diferentes: porque ha sido imposible desde el principio dominarlos, dada su fuerza, el factor sorpresa o una cierta predisposición o vulnerabilidad que lo ha impedido, lo que no suele ser muy frecuente; o porque *no se ha sabido cortar a tiempo*. Se puede observar cómo todo puede dispararse a raíz de una serie de circunstancias más o menos continuadas: *uno se deja llevar* y más tarde resulta difícil el *camino de retorno*. Aquí me refiero a muchos enamoramientos de personas ya casadas o comprometidas, que se han introducido en otra relación sentimental, *consintiéndola, siendo conscientes de ello*, y por vanidad, juego, superficialidad o, simplemente, exploración de las propias posibilidades de conquista llegan a *ser incapaces* de regentar ni controlar la nave emocional. *Acaudillar la vida afectiva es una de las manifestaciones más decisivas de la madurez de la conducta de una persona.*

EL MODELO DE LA AFECTIVIDAD

La psicología tradicional en el campo de los sentimientos y las emociones establecía dos planos distintos entre sí, pero con puntos de proximidad y confluencia evidentes: lo *físico* y lo *vivencial*, la sintomatología y la experiencia. En la actualidad el tema tiene una cobertura más amplia y abogamos por un *modelo pentadimensional* en el que se integran estas vertientes: *física, psicológica* (o vivencial), *conductual, cognitiva* y *asertiva*. Esta visión oscila entre el *eclecticismo* y la *teoría general de sistemas*; quizá al primero le falte estructura, pero la segunda la tiene sobradamente.

Por tanto, *la afectividad consiste en una experiencia con respuestas físicas, psicológicas, conductuales, cognitivas y asertivas, que se caracterizan por un estado determinado de activación*; un sistema informático de señales en el que hay un *emisor* y un *receptor*, y una serie de acontecimientos capaces de poner en marcha esta *pentalogía*. Como he comentado con anterioridad [13], no es lo mismo hablar de un sentimiento en sentido estricto que de una emoción.

El aspecto físico

Se manifiesta esencialmente a través de manifestaciones somáticas o psicosomáticas. El polígrafo mide y registra estas respuestas corporales, y en él quedan recogidos patrones específicos: pulso, tensión arterial, frecuencia cardíaca, erección del pelo, dilatación pupilar, motilidad gástrica, temperatura de la piel, respiración... No es lo mismo sentir cólera, estar enamorado o decepcionado, o experimentar rabia. Algunos estudios longitudinales de personas, desde la infancia a la edad adulta, han manifestado *patrones individuales de respuestas corporales*, es decir, perfiles particulares, personales,

---

[13] Véase en este mismo capítulo el apartado «Las cuatro vivencias afectivas más importantes».

propios. En mi consulta, muchas personas han reflejado la tensión emocional conyugal mediante molestias gástricas: sensaciones dolorosas, opresión epigástrica, colitis... Otras lo han hecho por medio de manifestaciones cardíacas: taquicardia, opresión precordial, ascenso de tensión arterial... Incluso suelen darse reacciones a nivel individual, como por ejemplo la de una enferma mía que, abandonada por su novio, tuvo una reacción cutánea similar a una dermatitis. Los clásicos lo llamaban *locus minoris resistentiae*, es decir, que la fragilidad aparece en la zona somática de menor resistencia. El concepto de estereotipia de la respuesta individual tiene una importancia considerable en medicina psicosomática.

Hay muchas teorías endocrinas sobre este tema relacionadas con secreciones corporales internas. Las mediciones más frecuentes se han centrado en la *adrenalina*, liberada por la médula adrenal, y el *17-hidroxicorticoesteroides* en sangre y orina, que reflejan el sistema hipofisario-corticoadrenal. La adrenalina y la noradrenalina manifiestan niveles altos en sangre y orina antes y durante el estrés, y en momentos de especial derroche de energía. Dicho con otras palabras, el papel de los factores psicológicos en muchas enfermedades es hoy una hipótesis bastante verificada. Las más recientes investigaciones apuntan hacia la resolución del siguiente conflicto: ¿existen circuitos cerebrales específicos de las emociones, localizados en zonas concretas? La estimulación eléctrica del cerebro, por un lado, y los estudios sobre lesiones cerebrales o trau-

matismos craneoencefálicos en accidentes de trá-
fico, por otro, han aclarado bastante al respecto. [14] Hay una geografía bastante concreta, aunque muy reticular en su estructura, según la cual
podemos hablar de *residencia cerebral de las emociones.*

El aspecto psicológico

La vertiente psíquica o *vivencial* enseña la forma subjetiva de vivir la experiencia afectiva. De ella
nos enteramos a través del *lenguaje verbal* y también del *no verbal,* aunque este último en menor
medida. Mediante el *análisis del discurso* captamos

---

[14] A partir de aquí han surgido los *mapas cerebrales emocionales.*
Todo empezó con experimentos en perros sin corteza cerebral —rabia asociada a gruñidos y ladridos continuos— y en monos que al
extirpárseles el lóbulo temporal se volvían mansos en extremo, dóci-
les, sin miedo. Más tarde apareció el *circuito de Papez,* que regula las
emociones y que se localiza en el hipotálamo, cuerpos mamilares y
cíngulos. MacLagan descubrió hacia 1970 el llamado *cerebro trino,*
que describe tres capas encefálicas: la más antigua y profunda, que
corresponde al *tronco del encéfalo,* representa la herencia filogenéti-
camente más antigua y sirve para un repertorio de actos muy limita-
dos como respirar y comer. Con el tiempo se desarrolló otra capa
menos profunda, que corresponde al *sistema límbico,* que incluye ya
conductas más complejas: escape y evitación del dolor, lucha, búsqueda del placer. La última capa supone ya la elaboración de conductas, sentimientos y emociones más sutiles y precisos y la aparición del pensamiento racional: es la que corresponde a la *corteza
cerebral.*
Los mapas cerebrales nos dan respuestas emocionales subsi-
guientes a la estimulación eléctrica con electrodos implantados, pero
en la actualidad los avances en este campo son exponenciales.

los matices y cualidades. La información que vamos a tener depende directamente de la riqueza psicológica de esa persona, además de su capacidad de introversión para bucear en lo percibido por dentro. En *individuos primarios,* elementales, simples, este trabajo es mínimo, dado el escaso apoyo lingüístico para transmitir una información personal amplia y variada. En *individuos de más nivel psicológico* la recogida literal del mensaje es interesante, y en *personas muy cualificadas psicológicamente, con un nivel intelectual alto,* podemos registrar con precisión matices y ángulos de esas travesías de contenidos que han surcado la intimidad. No es igual la descripción de lo que siente un depresivo culto y con gusto por la lectura, que la de otro que se pasa el día pegado a la televisión viendo películas americanas. [15]

Tampoco es igual hablar de cómo una persona se ha ido enamorando que comentar el miedo que siente ante un examen importante o la tristeza por la muerte de un ser querido. Por supuesto, tampoco lo es el *estímulo* ni el tipo de *respuesta.* Hay una amplia gama de formas de respuesta. Así, por ejemplo, el sonido de un trueno proporciona al oído ocho millones de veces más energía que el tic-tac de un reloj.

---

[15] Todas estas expresiones verbales están sometidas a una fuerte contaminación cultural. Cada medio ambiente tiene sus propios recursos de expresión. Pensemos, por ejemplo, en la pobreza del lenguaje televisivo.

El aspecto conductual

La tercera forma de experimentar las emociones es a través de la *conducta*: aquello que se obtiene mediante la observación externa del comportamiento, lo cual va a constituir una amplia gama de manifestaciones, desde la tensión mandibular a la forma de andar, pasando por las expresiones faciales, el estado de alerta, la hipervigilancia, el bloqueo afectivo o la disminución del número de palabras por minuto en una conversación habitual. En una situación de placidez conyugal, la conducta es suave y la comunicación verbal y los silencios son fluidos y relajados. Como he comentado en otra parte [16], el gran problema es la interpretación del *lenguaje no verbal*, aunque hoy existen ya algunos instrumentos de medida que permiten un acercamiento más objetivo y cuantificable.

El aspecto cognitivo

La cuarta faceta constituye el plano *cognitivo* y se refiere a todo lo que se sitúa en torno al conocimiento. En este ámbito hay que incluir la sensopercepción, la memoria, el pensamiento, las ideas, los

---

[16] Remito al lector al apartado «El lenguaje no verbal: su importancia».

Se trata de una investigación apasionante. El lenguaje mímico discurre de forma subliminal, a base de entendidos y sobreentendidos, de fórmulas acuñadas por el uso que no llegan a palabras y que es necesario traducir de una forma empírica, objetiva y matemática.

juicios, los raciocinios, la imaginación, la fantasía... Los conductistas desdeñaron todos esos elementos, sobre todo el concepto de *conciencia psicológica* (darse cuenta de la realidad en su complejidad), al no poderla observar directamente, como sucede con los procesos mentales citados.

El nuevo *paradigma cognitivo* tiene como fundamento el *estudio funcional de las operaciones mentales.* Nuestro cerebro, tal como hemos comentado, es como un ordenador, con unos registros de entrada de estímulos (*inputs*) y otros de salida (*outputs*); entre ambos se lleva a cabo el *procesamiento de la información recibida,* como un juego de secuencias decisivo en la forma de sentir, emocionarse, recordar...

Por ejemplo, el esquema previo sobre lo que uno piensa que es el amor cuenta de forma decisiva a la hora de elegir a otra persona. Si el procesamiento de la información que uno ha ido haciendo a lo largo de su vida sobre esa materia le ha llevado a pensar que el amor es siempre pasajero y que lo mejor es formar una pareja *light,* ligera, sólo hasta que dure y desaparezcan los sentimientos iniciales, eso va a tener una enorme influencia a medio y largo plazo. *La forma de pensar en los sentimientos es un ingrediente clave de ellos.* Por el contrario, aquel que conciba el amor como algo tridimensional, vertebrado de un conocimiento adecuado de lo que es enamorarse y mantenerse enamorado, una inteligencia que procura dar lo mejor de sí misma y una espiritualidad que hace de puente, se esforzará por seguir esa ruta. Debe existir un amor de corazón, de cabeza y espiritualidad para comenzar una relación con alguien a fondo y de verdad.

El amor como concepto es muy distinto en cada caso. La luminosidad de la gama de los sentimientos es como la paleta de un pintor: uno se encuentra allí con casi todo, pero faltan las mezclas sabias y bien definidas del artista. *El amor es un arte trabajado con el corazón* y *apoyado con la cabeza,* y en él cuenta nuestra memoria, que nos trae el recordatorio de lo que hemos ido viviendo, los aprendizajes sucesivos hasta dar con la mejor fórmula personal posible. La prosa y la poesía sentimental residen, *a priori,* en lo que hemos procesado cada uno según las informaciones recogidas, la cultura que tenemos y las creencias que se hospedan en nuestro «cuarto de máquinas» de la conducta. Es lo que se conoce como *esquema cognitivo sentimental,* el cual, mediante el *procesamiento informativo,* se va asentando y nos permite descubrir el mundo íntimo y el externo, según tres bases: las estructuras, los procesos y la representación.

1. Las *estructuras.* Son las bases del sistema; permanecen invariables, como sucede con las estructuras anatómicas y cerebrales anteriormente comentadas. Representan el *componente estático.*

2. Los *procesos.* Constituyen la actividad propia del sistema. El aparato digestivo tiene una anatomía similar en todos los individuos, aunque el ritmo fisiológico del recorrido alimenticio cambia según una serie de variables. Hablamos del *componente dinámico.*

3. La *representación*. Toda la información que le llega a una persona es registrada, almacenada y representada a través de una serie de leyes mediante *formatos* y *esquemas* que constituyen la base o el fundamento de la actividad mental.

Los sistemas cognitivos y sus derivaciones nos capacitan para reconocer, apreciar y valorar los aspectos del mundo afectivo, necesarios para mantener una buena relación conyugal. Este éxito adaptativo está producido por la compleja interacción de acontecimientos biológicos, psicológicos, biográficos y sociales. Así, el enfermo depresivo ha aprendido una *selectividad negativa de su pasado*, que le lleva a concebir todo o la mayor parte de su mirada retrospectiva de forma negativa, y esa actitud le marca.

Los receptores de nuestra mente actúan como filtros. Nos hacen reaccionar ante unas cosas y nos excluyen de otras, lo que implica códigos privados que relacionan *estímulos y atributos*. La organización de los sistemas sensoriales en nuestro cerebro implica diversas regiones, entre las cuales existen conexiones complejas que provocan o dan lugar a tres hechos concretos: *filtrado, abstracción* e *integración*. Yo llamaría a esto *ingeniería* a priori *de la forma de pensar y conducirnos*. [17] Todo estado emocio-

---

[17] La teoría cognitiva de los sentimientos viene a decir que nuestros *esquemas mentales* moldean lo que sentimos. Dicho de otro modo, que las etiquetas afectivas básicas (alegría, tristeza, ansiedad, esperanza, miedo, placidez) dependen de la interpretación que cada uno haga de la situación, y a su vez ésta de los sistemas cognitivos

nal es el resultado de una síntesis de experiencias externas e internas, pero sabiendo que existe un patrón específico para cada emoción.

El aspecto asertivo

Por último hablamos de la *asertividad,* una dimensión psicológica referida a las *habilidades para la comunicación social.* El término procede del latín tardío *assertum* —participio pasivo de *asserere,* que significa «afirmar, conducir ante el juez»—; y a su vez de *serere,* «entretejer, encadenar». Existe otra expresión latina relacionada, *assertus,* «afirmación sobre la certeza de algo». Una conducta es asertiva cuando *hace* y *dice* lo que es más adecuado en cada situación, sin inhibiciones ni agresiones. Ello conduce a una evidente libertad de expresión ideológica y emocional.

Las cinco vertientes que hemos discutido subyacen a la vez en cada uno de los estados afectivos en los que podemos vernos sumergidos. Lo importante es saber que éstos tienen vida propia, rasgos delimitados y, a la vez, se introducen en el territorio de los otros, formando un entramado de respuestas claro y confuso, concreto y disperso.

---

internos. *Se produce así una interacción entre las valoraciones cognitivas y las conexiones causales y motivacionales.*

II.   EL AMOR INTELIGENTE

Un nuevo tipo humano:
el analfabeto sentimental

El reciente libro de Daniel Goleman, titulado *Emotional Intelligence* [1], estudia la importancia de aunar inteligencia y afectividad en la personalidad. Ya me he referido a los periodos de la Ilustración en el siglo XVIII y el Romanticismo en la primera parte del XIX. En el primero la razón es exaltada, elogiada, alzaprimada; constituye el rasero esencial sobre el que debe estructurarse la condición humana. En el segundo se produce un cambio clave: frente a lo objetivo y racional, aparece lo.subjetivo y pasional; ante el cartesianismo, la primacía del espíritu amplio de los paisajes del alma, la libertad de reglas.

Pues bien, a finales del siglo XX seguimos prácticamente donde estábamos. Una buena parte de la educación europea se centra en las carreras de Derecho, Ciencias, Económicas o Empresariales. Existe

---

[1] *Inteligencia emocional,* Kairós, Barcelona, 1996.

un evidente desprecio de todo el amplio panorama de las Humanidades. Hoy, a los jóvenes universitarios se les enseña muy poco sobre la afectividad y lo relacionado con ella. ¿Qué asignatura habla de la educación sentimental? ¿Qué se puede hacer ante esta nueva forma de analfabetismo? ¿Quién nos iba a decir hace tan sólo quince o veinte años que la estabilidad conyugal sería una cuestión tan difícil? ¿Qué juego de equilibrio es éste, el de las rupturas de las parejas, que se extiende como una mancha de aceite por todo el mundo?

Jean Guitton se refiere a este tema en su libro *Silencio sobre lo esencial* [2]. Los grandes medios de comunicación se ocupan de todo con gran detalle, a excepción de lo que en realidad es importante para el hombre. Pensemos lo que sucede con el deporte rey de Europa: el fútbol. La televisión y la radio informan milimétricamente del gol marcado por este o aquel jugador, así como de la reacción del equipo y del público, su resonancia en la clasificación y en el cómputo general del campeonato. Ni que decir tiene en el caso de la política: la plétora informativa al respecto produce un verdadero cansancio, sobre todo cuando se tiene cierto espíritu crítico y se piensa que la política es el arte de hacer posible lo necesario y diseñar unas líneas básicas para que la sociedad pueda funcionar.

Por contra, se escamotean, se pasan por alto asuntos directamente relacionados con la vida humana, en su núcleo más capital. Uno de ellos, al

---

[2] Edicep, Valencia, 1992.

que me refiero ahora, es *la educación sentimental*. ¿No nos estaremos equivocando al educar sólo la inteligencia para tener una actividad profesional bien remunerada, olvidando todo lo concerniente a la afectividad? Desde mi punto de vista, se trata de un serio error cuyas consecuencias negativas ya las estamos viendo. Es fácil para un psiquiatra contemplar el caso del buen profesional que conoce a fondo su trabajo, con una correcta preparación en su especialidad, pero que ignora lo básico del mundo sentimental. Una persona que no sabe casi nada, tanto en la teoría como en la práctica. Estamos ante *un hombre segmentado, incompleto, mal diseñado*, sólo está preparado para su trabajo, pero bastante incapacitado para los sentimientos. Éstos vienen a ser como un añadido, con poca conexión con lo que en realidad es el argumento central de su vida. Dicha carencia se observa más en los hombres que en las mujeres. Las razones históricas y los papeles desempeñados durante años son los causantes de ello.

Veamos la siguiente historia clínica, expresión clara de lo que hemos expuesto.

Matrimonio que lleva algo más de veinte años casados, con tres hijos. Él es un excelente profesional liberal. Según su mujer, «vive para trabajar, casi no hay otro tema en su vida. Yo nunca pude pensar que alguien tuviera tal pasión por lo que hace, que llegara a descuidar tanto a su mujer y a sus hijos».

Él viene a la consulta solo, porque su mujer quiere separarse, porque dice que ya no puede más. Y no entiende realmente lo que sucede: «Yo soy una persona introvertida, callada, trabajadora, creo que superresponsable para lo que llevo entre manos... reflexivo, serio, muy ordenado... pero mi mujer se queja de que hablo poco y no soy expresivo. Y yo le digo que siempre he sido así, que es mi forma de ser y que tiene que adaptarse a ella y comprenderlo.»

El otro día me quedé sorprendido cuando me dijo, muy ceremoniosamente, que quería hablar conmigo. Yo pensé que se trataba de algún problema con los hijos, de sus estudios... Y cuál fue mi sorpresa cuando me contó que había hablado con un abogado y que se quería separar, porque para ella lo nuestro no era un matrimonio.

Cuando le pregunto sobre las quejas que su mujer le expresa me contesta: «Ella siempre me dice lo mismo, que hablo poco, que no soy cariñoso, que no tengo detalles con ella... y es verdad, pero creo que cuando me casé ya le demostré lo que la quería. La verdad es que desde hace unos cinco años noto que protesta mucho y que muy a menudo dice que está desilusionada de mí.»

A lo largo de la primera entrevista reconoce un grave problema sexual: los contactos íntimos se han espaciado mucho, ya que él sólo se muestra afectuoso cuando quiere tener relaciones sexuales: «Ella dice que sólo me pongo afectuoso en esos momentos previos y yo le digo que en parte es normal, que los hombres somos así... y que yo durante el día estoy muy ocupado trabajando en cosas que requieren estar muy concentrado.»

A la siguiente entrevista viene ya la mujer, que nos da una visión más precisa de los hechos: «Yo me equivoqué con mi marido, pues durante el tiempo que salimos lo idealicé. Era callado, serio, formal, quizá demasiado introvertido... Pero pensé que eso con los años cambiaría. Frío, objetivo, crítico con la realidad y muy centrado en sus estudios primero y después en su trabajo. Pero yo no tenía experiencia con otros chicos: era alegre, abierta, expansiva, con muchas amigas... Al principio, el contraste me sorprendió; me interesó de entrada, porque me hizo poco caso, yo que tenía bastante éxito con los chicos...»

«Una vez casados me fui dando cuenta del problema. Él sólo me reclamaba para tener relaciones íntimas, hasta el punto de que yo llegué a negarme, porque me sentía utilizada. Cada vez más frío conmigo y con los hijos, trabajando todo el día, incluso algunos fines de semana. Cuando intentaba hablar con él, me decía siempre lo mismo: «Yo soy así, tú ya me conocías, te gusta quejarte... y piensa que no te falta de nada.»

Por su parte, él nos va elaborando un retrato personal más perfilado: «No me gusta salir y entrar, porque las conversaciones, en general, son poco interesantes y la gente me aburre. Prefiero quedarme en casa, viendo papeles o con la televisión, si hay alguna película interesante. Soy calmado y salto poco. Es verdad que no dialogo, pero lo hago porque soy muy práctico. Hablo cuando hay algo que decir, y para hablar de cosas intrascendentes prefiero quedarme callado. Es verdad que me preocupo poco por los hijos, pero mi mujer siempre se ha ocupado de ellos y yo me he ido centrando en lo mío.»

Y continúa: «Ella dice que yo la necesito mucho en lo sexual y es verdad, porque es mi modo de ser. Siempre quiere que hablemos y yo le pregunto que de qué, si lo tenemos casi todo hablado.»

La esposa amplía algunos aspectos: «Es muy crítico con la gente, a todo el mundo le pone pegas. Dice que la mujer debe estar un poco sometida al hombre, que es así como debe funcionar un matrimonio... He sufrido tanto con su forma de ser, que a mí lo sexual ya no me dice nada, incluso, si tengo que ser sincera, me produce rechazo, porque falta cariño y amor, y me niego a que faltando eso haya de lo otro.»

En el estudio de personalidad que hacemos del marido encontramos una *personalidad alexitímica* [3], cuyo eje central es la inexpresividad de sentimientos y afectos, lo que, llevado a la relación interpersonal, conduce a un contacto frío, gélido, glacial, desmotivado para lo que debe ser una pareja, un matrimonio o una vida conyugal mínimamente estructurada. La educación psicológica recibida en este caso ha sido determinante:

«A mí me decían de pequeño aquello de que los hombres no lloran y que hay que ser fuerte y aprender a guardarse los sentimientos, porque lo contrario era cosa de chicas. También en mi padre he tenido un modelo muy parecido: no le recuerdo besándome, acariciándome o estando a mi lado con ternura. Y mi madre era una mujer práctica, más afectuosa, sí, pero tampoco demasiado.»

---

[3] Término que procede del latín: *a*, partícula negativa; *lexos*, «lenguaje», y *timos*, «afectividad». Una persona alexitímica tiene serios problemas para expresar sus sentimientos.

Es éste un caso claro y rotundo de *analfabetismo sentimental* en un profesional destacado, que ha ido aprendiendo unos hábitos distantes en las relaciones humanas, con funestos resultados. Le explicamos que el principal gestor de la *grave crisis conyugal* que atraviesa es él. Se le explica en qué consiste su diagnóstico y cuáles pueden ser las consecuencias del mismo: ruptura conyugal, aislamiento progresivo e importante fracaso vital por su carencia sentimental. Parte de la psicoterapia en estos casos consiste en hacer ver al paciente lo que le sucede, *concienciarle de los problemas, pues es el primer escalón para cambiar la conducta y mejorarla.* [4]

Se inició con este hombre un *programa de conducta conyugal,* una pauta de comportamiento siguiendo el binomio *objetivos-instrumentos* y siendo muy concretos en aquello que se quería lograr. Como era una persona con mucha voluntad en casi todos los ámbitos de su vida, se le motivó para que desplazara esos esfuerzos hacia la mejoría de la relación con su mujer. Se daba cada día una puntuación a esas metas en una *hoja de registro,* de tal manera que pudiéramos realizar un seguimiento de su evolución. Su mejoría, lenta y tortuosa al principio, ha ido en aumento.

---

[4] En psiquiatría existen algunos trastornos psíquicos cuyo primer problema clínico es la no conciencia de enfermedad. Tal es el caso de los celos patológicos, los estados eufóricos (*hipertímicos*), la paranoia y otras alteraciones de la personalidad. La primera tarea, si queremos conseguir que el individuo mejore, es hacerle ver lo que le pasa. Ahí entra de lleno el arte y la ciencia del psiquiatra, con una premisa fundamental: *tomar conciencia.*

Al mismo tiempo, la mujer padecía el síndrome de *burnout,* que coloquialmente puede traducirse como «estar quemada». Ella recibió unas *normas psicológicas* para saber cómo debía actuar consigo misma y con él. Su gran escepticismo cedió y dio paso a ciertas esperanzas. En una reunión con ella, sus tres hijos y nuestro equipo se diseñó una *estrategia conjunta de toda la familia,* lo que de entrada produjo en el marido una reacción muy negativa, ya que se sentía analizado y estudiado hasta por sus hijos. Hoy la evolución es favorable y él ha dado un giro completo a su modo de entender la afectividad. Ella, poco hábil para la sexualidad, va cambiando lentamente.

En conclusión podemos afirmar que el machismo, la falta de psicología y unos errores y deficiencias de base hacían muy difícil la estabilidad de esta pareja.

QUÉ SON LOS SENTIMIENTOS

En el templo de Apolo en Grecia había una inscripción en el frontispicio de la entrada que decía: «Conócete a ti mismo.» Esta premisa debemos llevarla a la vida sentimental, ya que resulta necesario aprender a conocer esos movimientos emocionales que se dan en nuestro interior, dirigirlos de forma adecuada y saberlos encauzar hacia lo mejor. *La capacidad para controlar y dominar los sentimientos y las pasiones es un signo de madurez.* Es más, esa facultad yo la centraría en el siguiente punto: *ser capaces de aplazar la recompensa* en una era como la nuestra, que es la era de la inmediatez, en la que todo tiene que ser rápido, hacerse sobre la marcha.

Las raíces de una conducta más libre e independiente se hunden, precisamente, en saber posponer lo inmediato. En pocas palabras, *tener visión de futuro* o, dicho de otro modo, *mirar hacia el más allá, levantar la mirada y otear el fondo del horizonte.*

Del mismo modo que educar a una persona no es decirle a todo que sí, educar los sentimientos no consiste sólo en dirigir, proyectar, racionalizar. Hay que saber qué cosas se «cuelan» hacia el interior de uno y son negativas, para poder luchar y echarlas fuera. Esto no es represión, en el sentido freudiano del término, sino simplemente capacidad para gobernarse a uno mismo, distinguiendo entre lo que es valioso de verdad y lo que lo es sólo en apariencia. Verdad y apariencia son dos operaciones decisivas en todo lo relacionado con los sentimientos.

Veamos otra historia clínica ilustrativa:

Pareja casada hace seis años, con dos hijos, de clase media. El marido —38 años— tiene un trabajo sólo por las mañanas. La mujer —32 años— se ocupa de las tareas domésticas, aunque «como nunca me ha gustado la casa, procuro hacer lo mínimo, pero eso lo cumplo». Desde hace un año trabaja en una oficina, con un grupo de profesionales liberales: «Estaba cansada de no hacer nada y esto me ha permitido realizarme, sentirme útil y demostrarme a mí misma que valgo.» A los cinco meses aproximadamente de estar en ese despacho, ha ido observando cómo uno de los profesionales, el segundo de sus jefes, suele hacerle confidencias muy personales. Este hombre, de 54 años y casado, está pasando por un momento conyugal difícil. Así se establece un puente de comunicación entre ellos. Algún día salen a comer juntos, ella empieza a tenerlo en la cabeza y a pensar en él...

«Yo tenía a mi marido en un pedestal cuando me casé, pero después me fui enfriando respecto a él. Es muy bueno, quizá demasiado, pues nunca me ha negado nada... Creo que ha sido un error su forma de tratarme, pues yo he llegado a no apreciar los detalles que tiene conmigo. Desde hace un par de años o quizá algo más, hablamos poco, no me apetecen las relaciones sexuales, me aburro a su lado... No es nada importante, pero es como si me hubiera alejado.

»Con mi nuevo trabajo he descubierto dos cosas: una, que soy útil y que tengo facilidad para relacionarme con la gente; otra, que he comparado a mi marido con otros hombres y veo que no es tanto como yo pensaba. Mi jefe me agrada y me he ido enamorando de él... y él de mí. Mis padres, cuando se han enterado, y a pesar de que se lo he explicado, han organizado un gran revuelo. Quiero que me dejen hacer mi vida y lo que me apetece.»

Ha sido sorprendida por conocidos cenando con él y esto ha originado algunas reacciones en cadena. Le ha explicado el hecho a su marido en estos términos: «Yo te quiero mucho, pero ya no estoy enamorada de ti. No tengo ninguna queja contigo, pero este hombre me llena más, es más divertido y se me ha metido en la cabeza; tú vales mucho y encontrarás otra mujer, ya verás como todo esto pasa... y recobrarás la alegría. No te quiero hacer daño, quiero que lo sepas. Pero ahora mis sentimientos han cambiado y lo importante en la vida es ser feliz.»

En una reunión que mantenemos con el marido, que se encuentra bajo lo que llamamos en psiquiatría una *reacción depresiva,* nos dice: «¿Pero qué he hecho yo de mal para merecer esto? No entiendo nada. Le he dado todo... Ahora recuerdo algunas cosas que me decía su madre, que era muy caprichosa, y como era tan mona, siempre en su casa le decían que sí a todo. Estoy hundido y quiero hacer algo, porque estoy arruinando mi vida.»

Los padres de ella han venido también a la consulta. La madre es la que lleva la voz cantante, mientras que el padre está más pasivo: «Siempre fue una persona caprichosa, porque llamaba la atención por lo guapa que era, por su estilazo... Siempre ha tenido muchos chicos alrededor. No le gustaba estudiar, porque tenía poca voluntad. Hizo un curso de inglés y algo de informática. Quizá en esto hemos fallado como padres, al no exigirle más. Cuando conoció a su marido, quiso casarse enseguida, pues había dejado a un novio anterior y pasó unos meses muy malos, sola y desconectada de sus amigas.»

El padre, más parco pero más objetivo, nos cuenta: «A mí, la verdad es que no me extraña mucho su conducta. Siempre hizo lo que quiso. Recuerdo mis luchas para que estudiara. Ella decía que yo no la comprendía. Tiene poca cultura, no ha leído nunca casi nada. Sólo salir y entrar, y sus amistades han sido por lo general muy superficiales. Además es poco religiosa, aunque estudió en un colegio en el que teóricamente debieron darle una buena formación. Nosotros también lo hemos intentado, pero ella siempre se rebelaba en este sentido.»

En una de las entrevistas ella me dice: «La vida es así, yo conozco mucha gente a la que le han pasado cosas como la mía y no es para tanto, no hay que alarmarse. Yo a mis hijos los quiero y a la mayor, de cinco años, le he explicado lo que ha ocurrido y está tranquila.»

El final de esta historia fue la ruptura, con consecuencias negativas para el marido y los hijos, que se dejaron sentir de inmediato. El pronóstico de la nueva relación es incierto. El tiempo dirá.

Es éste un caso ejemplar de *inmadurez afectiva.* Lo más grave es no poner a tiempo los medios adecuados para fortalecer la propia pareja. Decía Don Quijote que Dulcinea era «la dama y señora de mis pensamientos». Así ha de ser el camino del enamoramiento. *El amor conyugal hay que cuidarlo a base de cosas pequeñas y protegerlo de los vientos exteriores.* Pero en la ética *light* nada de esto tiene valor, pues rigen dos códigos primordiales: *hedonismo* y *permisividad.* Por el primero nos arrojamos en brazos del placer inmediato, lo que pide la pasión del momento, sin ser capaces de gobernar esas pulsiones. Mediante el segundo lo permitimos todo, lo damos todo por bueno y le restamos importancia.

Algunas de las afirmaciones de la mujer de la historia clínica que arriba comentábamos están llenas de frivolidad y responden a esos dos baremos: hedonismo y permisividad, así como a sus dos ramas desgajadas: materialismo y relativismo. Si todo es relativo, si todo es bueno y malo, si nada es definitivo... ¿qué más da? Lo importante es hacer lo que quieras, aquello que te apetezca o dicte el momento. De esa forma, sin una brújula psicológica y moral, queda el ser humano a merced de lo inmediato: *traído, llevado y tiranizado por la demanda de lo que se presenta en ese instante.*

La moral es el arte de vivir con dignidad, el arte de usar de forma correcta la libertad. Es la ordenación de los actos humanos de acuerdo con la razón y la libertad, pero buscando lo mejor. La moral es la ciencia final de la conducta, que aspira a poner al hombre en la cumbre de lo que puede aspirar, siguiendo la máxima de Séneca: *Homo res sacra homini* (el hombre es cosa sagrada para el hombre). [5]

En el caso que nos ocupa estamos ante alguien que ofrece los siguientes aspectos: *inmadurez para controlar sus sentimientos, incapacidad para decir no* a las cosas y los hechos que se presentan y no son adecuados y *falta de criterio moral,* que se hace especialmente patente en las encrucijadas existenciales.

---

[5] El punto de partida de la conducta es la *razón* integrada por la *inteligencia* y la *voluntad.* La franja de salida es *el otro.* No se puede vivir sin normas de conducta. En tal caso, no hay ni referente ni remitente. La fundamentación de la moral requiere unos principios básicos, y hoy se da con frecuencia la siguiente confusión: *una cosa es no tener tabúes* —que, en general, es positivo— *y otra no tener principios* —que es francamente negativo.

Si todo está permitido nos dirigimos al caos, pues la vida resulta a la larga imposible, insoportable. Uno mismo y los otros dejan de ser personas para convertirse en cosas, para materializarse. La intensidad que la vida requiere se diluye y se somete a las banalidades que piden paso. Los argumentos biográficos se invierten y ya no se puede ser feliz, pues falla la base: *la coherencia interior.* Entonces se aspira a *formas de felicidad inmediatas, externas* como el bienestar, el nivel de vida, el tener y acumular.

La moral y la inteligencia nos enseñan a saber vivir. ¿Pero en qué consiste saber vivir? En sacarle el máximo partido a nuestras posibilidades de acuerdo con el fin último del hombre, esquivando y sorteando los escollos. Séneca lo expresa de forma magistral cuando afirma que la filosofía es una preparación para la muerte. Y Epicuro defiende que esta disciplina constituye una educación para la vida. En definitiva, *sólo la obra buena y coherente perdurará*. El hombre vacío de criterios está perdido, desamparado, a oscuras, frío por dentro, cuando analiza qué ha hecho con su vida.

EN QUÉ CONSISTE ENAMORARSE

La raíz del núcleo afectivo es el enamoramiento. Ya hemos visto en páginas atrás la evolución del concepto de amor desde los trovadores, hasta el Romanticismo. Se mantiene un núcleo de fondo, aunque con variaciones sobre el papel de la mujer. No olvidemos el caso de Jaufré Rudel, el poeta nostálgico que centraba todo *en el amor lejano*. [6] Sin embargo, obviaba una de las principales dificultades que a la larga presenta el amor: la *convivencia dia-*

---

[6] Rudel fue un gentilhombre del siglo XII que se enamoró de la princesa de Trípoli sin llegar a verla, por las cosas que oyó de ella: su discreción, sus valores humanos, su belleza. Le compuso muchos versos y se embarcó para conocerla. En plena travesía enfermó y, finalmente, fue la princesa la que se acercó a su lecho de muerte y lo hizo enterrar con gran ceremonia. Muchos poetas, como Petrarca, se sintieron atraídos por esta leyenda de amor en la distancia.

ria, la verdadera asignatura pendiente que todos debemos aprobar si queremos pasar el examen del día a día de las relaciones conyugales.

En otras ocasiones [7] hemos expuesto con más minuciosidad la gran aventura que supone enamorarse. Es uno de esos momentos inolvidables que van a vertebrar la existencia, pues de las decisiones que entonces se tomen se derivarán *a posteriori* unos hechos decisivos que nos marcarán para bien o para mal. *Enamorarse es encontrarse a sí mismo fuera de sí mismo.* Es decirle a alguien: «¿Quieres compartir la vida conmigo para siempre?» En los tiempos actuales, al estar falsificada la palabra *amor*, la expresión *para siempre* connota algo excesivo. *Enamorarse es querer a alguien en exclusividad y pensar con ella y en ella para compartir el futuro.*

Hay muchos estados que se parecen al enamoramiento, pero no son tales. Una gran mayoría de *amores* tienen en realidad poco de *amor*. Hay en ellos pasión, deseo, interés, empeño al haber recibido desprecio... Y no digamos nada en cuanto al conocimiento de *la otra persona*. Alguien puede quedarse deslumbrado ante ciertos aspectos parciales: la belleza, la elegancia, la naturalidad, la sencillez, el dinero, los valores espirituales, la inteligencia, la capacidad de comprensión... o un conjunto de ellos, de tal forma que le da a esa persona un valor por encima de las demás. *Esas cualidades ponen en marcha el proceso del enamoramiento*: lo que se ve,

---

[7] Véase mi libro *Remedios para el desamor*, Temas de Hoy, Madrid, 1996, 16ª edición, pp. 61-77.

lo que se insinúa, incluso lo que se escucha [8] o imagina. Los primeros amores son inolvidables por la huella que dejan; parecen un río caudaloso que nos arrastra con su corriente y al que es difícil resistirse, sobre todo si sucede en edades tempranas, cuando la persona todavía no conoce el mecanismo de los sentimientos.

Stendhal [9], uno de los grandes novelistas del Romanticismo francés, distinguía cuatro tipos de

---

[8] Me refiero nuevamente al trovador Rudel. Los franceses dicen que el amor es una invención francesa que nace en el siglo XII, en frase de Charles Seignobos. En el sur de Francia, región del Languedoc, los trovadores hacen una crítica de los matrimonios de conveniencia e invitan a los matrimonios de amor, que nacen libres, ajenos a presiones familiares y materiales. Se llega de esta manera a los amores medievales, que van desde el *amor de los juglares* que prospera en el siglo XIII, al *amor gentil* que recorre esencialmente el siglo XIV (se prefiere la pasión a la verdad; su símbolo es la *Divina Comedia* de Dante), pasando por el *amor platónico* (centrado en la idealización y la distancia, se escamotea la relación directa): su importancia sigue viva a pesar de todo. Alcanzamos después el *amor caballeresco*. Las fronteras entre unos y otros se mueven, giran, oscilan, entran y salen, como la vivacidad de las modas afectivas.

[9] En su libro *Sobre el amor* describe la *cristalización*, la tendencia a idealizar a alguien y a ponerle más cualidades de las que tiene. Todo ocurre en la imaginación y en el corazón, y la tarea es *descubrir* las perfecciones que no existen. El fuego se enciende y la admiración da paso a la distorsión de la realidad. El adolescente poco maduro y más bien tímido es proclive *al amor platónico*, con personas con las que apenas ha cruzado unas palabras, apenas ha tenido contacto. Es tal la necesidad de amor y tan escaso el control de la mente, que se hace una hoguera a partir de astillas, papeles y unos mínimos trozos de leña. El caballo desbocado de la imaginación, sin bridas, vertiginosamente, nos traslada a un paraíso lleno de felicidad, y muchas veces no hay capacidad de visión de futuro, por el deslumbramiento y la divinización de una criatura que parece completa y hecha a nuestra medida.

amor: amor-pasión, amor-placer, amor-físico y amor-vanidad. A este respecto decía: «La inmensa mayoría de los hombres, sobre todo en Francia, desea una mujer de moda, como se posee un hermoso caballo, como una cosa necesaria al lujo del mancebo. La vanidad más o menos halagada, más o menos entimulada, arrebata como el amor.» Por eso, *donde más se refleja o define el ser humano es en la elección amorosa.* Al preferir a una persona hacemos una selección en la que influyen diversos factores; pero en el hombre, más que en la mujer, *la belleza actúa como reclamo,* predispone a lo mejor, sobre todo en algunos que necesitan las alabanzas constantes de la mujer. Una cierta admiración colectiva le da alas a ese amor. La belleza actúa entonces como *catalizador* y a la vez abre las puertas de la ilusión. Y la felicidad, como se sabe, consiste en primer lugar en tener ilusión, que no es más que la capacidad para mirar hacia el futuro con esperanza y alegría.

En definitiva, la raíz del enamoramiento podría quedar definida por tres notas esenciales:

1. Se puede afirmar que el que está embargado por ese estado de ánimo le dice a la persona amada: «No entiendo la vida sin ti», es decir, «no concibo la vida sin que tú estés a mi lado. Te necesito. Eres fundamental para mí».

2. Se produce de este modo una *hipoteca de la razón*: no se puede dejar de pensar en la persona amada, que está una y otra vez circulando por los escenarios de nuestra mente. Asoma aquí y allá. Se inicia una especie de diálogo interior con ella, a *sotto voce,* de estirpe *subliminal,* inconsciente.

3. Se hace realidad la idea de que *el enamoramiento auténtico lo transforma todo*: disuelve las heridas del pasado, las atenúa y favorece su cicatrización; agranda y dilata el presente; y, sobre todo, ilumina con nuevas metas el futuro. La vida se vuelve pletórica. Por el enamoramiento merece la pena vivir, y los sinsabores, las frustraciones y los reveses entran por fin en vías de solución.

Es muy importante hacer este primer recorrido: ver con relativa claridad a quién tenemos ante nosotros, distinguiendo sus planos, facetas, aspectos y valores. En este sentido, la precipitación siempre es mala, muchas veces puede ser resultado de ese *quedarse deslumbrado* de entrada. Se necesita tiempo, reposo, para observar y analizar el posible «nosotros» que se va a formar. *Amar a una persona es creer en ella, fiarse de su condición y brindarle lo mejor que uno pueda darle.* ¿Qué es lo mejor? Pues hacerla *libre* y aproximarla a la *verdad*. Esto hay que llevarlo a la práctica, no dejarlo sólo en el plano intelectual. *La libertad tiene un objeto: el bien.* Y por otra parte, *la verdad conduce a estar en la realidad, saber a qué atenerse y reconocer las propias aptitudes y limitaciones.* [10]

Lo positivo y esencial es que el enamoramiento sea verdadero, que traiga el amor y que llegue para quedarse. Cuando la vida levanta su oleaje atraída

---

[10] No quiero dejarme en el tintero los tres conceptos de *verdad* derivados de las tres lenguas que más han influido en la construcción de la vieja Europa: el griego *aletéia* se refiere sobre todo a «desvelar el *presente*»; el latín *véritas*, a «la fidelidad y exactitud del *pasado*» y el hebreo *emunah*, a la «verdad como confianza en el *futuro*».

por el mejor sentimiento, el amor se convierte en *la fuerza de las fuerzas*. Desde los reyes a los plebeyos, desde los intelectuales a la gente de condición sencilla, lo que el hombre necesita es amor verdadero.

ES FÁCIL ENAMORARSE Y DIFÍCIL MANTENERSE ENAMORADO

Todo amor auténtico encierra una aspiración de absoluto. El amor humano es una de las formas más excelsas de amistad, con una importante connotación sexual. *El amor verdadero implica tratar a la otra persona de forma casi excepcional.* Cuando, con el paso del tiempo, se produce la erosión inevitable de la convivencia diaria, se observan descuidos y adocenamientos, es el momento de reaccionar. Si queremos que este amor ilumine de verdad nuestras vidas, hay que lograr que permanezca atento, fino, generoso, siempre dispuesto a lo mejor. Así es el amor que propongo.

El *amor inteligente* está integrado por los siguientes elementos imprescindibles: *corazón, cabeza y espiritualidad*. Hay que ser cuidadoso para lograr que sea *un proyecto total*, que envuelva a las personas y las empuje a aspirar a lo mejor. Entonces sí puede comprenderse que *el amor es el motor del universo, lo que le da sentido a todo*. Con amor lo difícil se suaviza, y los reveses propios de la existencia se superan con más facilidad. Un amor inspirado en lo mejor que el hombre tiene y puede tener sí merece la pena. Hoy en día vemos con bastante frecuencia *amores intrascendentes, livianos, pobres, con escasos argumentos*, y lo que me parece más grave, amores que desconocen la grandeza, la profundidad y la complejidad de las relaciones. Se trata de verdaderos monumentos a la superficialidad, que a la larga llevarán a la ruptura. Al fallar la base, cuando vienen los reveses o contrariedades todo se derrumba, porque no hay unos cimientos mínimamente sólidos capaces de sostener tal empresa emocional.

Con la esfinge de la palabra *amor* se acuñan muchas monedas falsas, como por ejemplo decir que *hacer el amor* es lo mismo que *tener relaciones sexuales.* Semejante error, muy extendido y divulgado en los últimos años, tiene unas consecuencias muy concretas, pero quizá la más negativa es la visión «zoológica» del amor, esto es, la reducción del amor a sexo. Los que vayan por ese camino lo van a tener muy difícil a la hora de establecer una pareja sólida, firme, estable, duradera.

Insisto en que una cosa es enamorarse, emborracharse de alguien, quedarse prendado de ella, y otra muy distinta mantener ese amor con fuerza suficiente a medida que pasa el tiempo. Cuando uno está conquistando, está entrando en lo más íntimo de la otra persona y, a la vez, descubriendo lo que uno mismo lleva dentro. Si la amistad es donación y confidencia, nos permite conocer a alguien por dentro y entusiasmarnos con aquello de lo que es portador, lo que anuncian sus palabras, sus gestos y sus actitudes. Se realiza un trabajo de exploración recíproca, de captación total, de expedición privada que busca el porqué de la conducta. *Entre belleza exterior y belleza interior se establece un puente por el que circulan los sentimientos, apoyados cada vez más en la inteligencia y en la espiritualidad.*

Todo el proceso de enamoramiento está envuelto en un halo de misterio: fascinación y sorpresa, ilusión y deseo de lo mejor. Se produce un trasvase de ideas, conceptos y puntos de vista, y se tiene la impresión de que se conoce a la otra persona de toda la vida. Las dificultades que el compromiso mutuo implica se superan con comprensión y esfuerzo. Los enamorados se juegan la vida y se embarcan en una aventura, porque cuando el amor es auténtico uno quiere vivir con la persona elegida para siempre. Es como decirle: «Tú no morirás nunca para mí, eres mi vida.»

El amor no es egoísta. Su única referencia es el otro. El amor acaba con la vida en soledad. Como dice Platón en *El banquete*, «el amor es deseo de engendrar en la belleza». Y el poeta cordobés Ibn Hazm, autor de *El collar de la paloma,* puntualiza:

«Dime. Si tu amor se desarma, ¿qué harías? Respondió y dijo: "Amaríale para no morir, puesto que el desamor es muerte y el amor es vida..." Pero ¿qué cosa es el amor? Muerte de quien vive y vida de quien muere. Dolencia rebelde, cuya medicina está en sí misma, si sabemos tratarla; pero una dolencia deliciosa y un mal apetecible, al extremo de que quien se ve libre de él reniega de su salud y el que lo padece no quiere sanar.»

Este bello texto refuerza la idea de que *amar es vivir en el otro, desde él y para él.* Por eso el amor es *libertad* y *prisión.*

III. LO BÁSICO
EN EL AMOR

He insistido a lo largo de las páginas de este libro en un aspecto fundamental de la pareja: *la base*. Cuando ésta falla, cuando los cimientos del edificio son débiles y su estructura deja mucho que desear, es posible que su solidez pierda fuerza y, antes o después, se deteriore y se venga abajo.

En este capítulo analizaremos las notas más importantes del amor ya establecido, de aquel que hace que un hombre y una mujer se comprometan a vivir juntos, a compartir la vida. Este apartado tiene una particular importancia, porque pondrá de manifiesto errores u omisiones que dejarán ese amor en un estado de ingravidez, sin la posibilidad de arraigar con firmeza.

Toda conquista amorosa implica un desafío. Es necesario que previamente se den unas condiciones positivas que nacen de la *atracción*. Una persona es atractiva para otra cuando despierta su interés y hace brotar en ella una especie de curiosidad e inclinación. En ese primer momento, como dijimos, sólo hay una visión externa del otro, y muchas veces resulta necesario que se produzca al menos cierto conocimiento, que esas dos personas se abran la una a la otra. *La atracción tiene un fondo misterioso, poco claro, indescifrable, casi laberíntico;* es a la vez sugestión y aliciente. Por eso, la mujer es única en el arte de seducir. Con su conducta cordial, afectiva, pretende despertar la atención del hombre, y por medio del coqueteo activará todos sus encantos: belleza, personalidad, agrado, simpatía... En pocas palabras, una especie de imán tirará, arrastrará al hombre hacia ella.

A través del coqueteo la mujer juega y seduce al hombre. Se trata de una comunicación compleja, ambigua, en ocasiones paradójica y desconcertante, que busca *llamar la atención,* hacerse notar. En cuanto el hombre se acerca, si ella conoce bien las reglas del juego, se alejará, desaparecerá, se mostrará distante, como sin interés. Este comportamiento sorprendente obliga al hombre a pensar, a saber qué está sucediendo y si en realidad está surgiendo algo entre los dos.

En la etapa de la conquista amorosa, la coquetería femenina se hace incisiva, se afina y muestra todo lo que es en esencia: deslumbramiento, encanto, sugerencia, interés por el otro, debilidad ocasional que hace que el hombre se vuelque hacia ella... *La coquetería es un conjunto de conductas caleidoscópicas, mágicas, cautivadoras, que tienen un sello provocativo.* Su meta es despertar admiración, lo cual tiene un gran sentido psicológico, ya que para enamorarse de alguien —como hemos comentado— hace falta cierto grado de admiración.

Éstos son los primeros signos de lo que más tarde será el enamoramiento; su condición *sine qua non*. En esta etapa inicial hay, por tanto, ciertos indicios de veleidad. *La coquetería está más ligada a las apariencias que a la realidad,* lo que da lugar a que la dialéctica se establezca entre lo que enseña y lo que no, entre lo que parece que es y lo que en realidad es.

La atracción tiene un componente físico importante, aunque éste se engloba en lo que se llama *sex-appeal.* La perfección del cuerpo, los rasgos de la cara, los ojos, la mirada, las manos, todos los caracteres femeninos van a tener una importante participación en este juego peligroso y atrevido.

Pero la atracción se define también por otros elementos o vertientes: la psicología o forma de pensar, la personalidad, la inteligencia, los modales, la expresividad, la voz... El atractivo se apoya en aspectos distintos en la mujer y en el hombre, como ya hemos comentado.

Todos estos componentes entran en juego durante el coqueteo, que no es sino un *ejercicio de exploración de uno en el otro,* del que surge la seducción. Se va cautivando a la otra persona, estimulando en ella un nuevo sentimiento de aproximación, tejido de análisis y observaciones, que culminará en *la conquista amorosa: una travesía audaz, de idas y venidas, que a su vez terminará en el acuerdo efectivo.* Ésta suele ser una de las etapas más gratas de la vida, si finalmente resulta exitosa. Cuando pasen los años, si la relación conyugal está bien orientada, se recordarán con ternura los primeros momentos, cuando el amor empieza a asomar poco a poco.

La elección de pareja es una de las experiencias más importantes de la vida, pues de su acierto o su error derivarán consecuencias fundamentales para la trayectoria del hombre. *En la elección afectiva se retrata el ser humano, dejando muy claras las predilecciones que mueven su vida.* Al elegir a otra persona, como hemos afirmado, uno enseña el *modelo humano* que le agrada, con todo lo que ello implica.

El verdadero punto de partida, pues, para la elección es tener un modelo, sea *masculino o femenino,* con un estilo aproximado. En él se dan cita aspectos externos, formales, y otros muy diversos como la bondad, la inteligencia, la simpatía, la belleza, el dinero y un largo etcétera. Pero en una sociedad tan neurótica y complicada como la nuestra, es habitual que ni siquiera se plantee esta cuestión tan medular; que no se busque un estilo concreto de persona, con todas las salvedades que impone la realidad de cada uno, sino al contrario: que las primeras relaciones entre el hombre y la mujer se produzcan de espaldas a ello y, con el tiempo, este descuido provoque el deterioro de la relación.

Ahora bien, el fenómeno de la elección no siempre tiene lugar de forma serena y tranquila. Hay que conocer los retos y dificultades por los que se puede pasar. De hecho, en muchos casos la elección se produce para combatir la soledad o salir adelante de una situación personal difícil: una familia rota, tensiones con los padres, graves problemas profesionales o una trayectoria conflictiva. Está claro que la elección basada en estos motivos es siempre poco acertada o inadecuada.

En nuestro quehacer diario los psiquiatras solemos hacer a los adolescentes que nos consultan preguntas acerca del tipo de hombre o mujer que prefieren. Muchos no saben qué responder, ya que no tienen una idea clara de ello. En las últimas décadas se ha retrasado la edad del matrimonio por varias razones: una, porque la vida conyugal es hoy más difícil que antaño, dado los enormes y veloces cambios producidos en la cultura moderna; otra, porque la liberalización de las costumbres está conduciendo a una sociedad más abierta, más permisiva, hedonista y materialista, que corre el riesgo de devorarse a sí misma; y, por último, porque ha cambiado la concepción de la vida: antes los chicos se casaban al finalizar el servicio militar y las chicas que no se casaban antes de los 25 años se consideraban unas solteronas. Hoy los criterios son distintos, entre otras cosas porque la mujer, al igual que el hombre, está inmersa en sus tareas profesionales.

Aquel viejo esquema de *la mujer educada sólo para casarse* está en decadencia [1], lo que en definiti-

---

[1] Los cambios en la sociedad actual han sido vertiginosos. El tema de la incorporación de la mujer al trabajo requiere un estudio amplio que no podemos abordar en este libro.

va quiere decir que no sólo debe atender a su tarea de madre y esposa, sino ampliar más aún su campo de acción. Esto conlleva un *plus de exigencia*, un desdoblamiento de sus ocupaciones hogareñas y profesionales.

Volviendo a la elección de pareja, quiero señalar que aquella cuya base esencial es la belleza o el dinero, si no existen además otros componentes psicológicos, espirituales y culturales, a largo plazo es posible que tenga graves consecuencias. Pensemos en una joven mona, atractiva, elegante, pero caprichosa, sin voluntad, engreída, con poca disciplina y sin espíritu de sacrificio. Con el paso del tiempo, estos rasgos se exteriorizarán y darán serios problemas en la convivencia diaria. *Cuando se elige pareja, hay que apostar por los valores interiores.* La vida es muy larga —y a la vez demasiado corta—, y para ese viaje en compañía es fundamental el mejor equipaje humano posible, pues como toda empresa, antes o después pasará su crisis, su etapa de revisión. Y si los contenidos más íntimos de los cónyuges son inconsistentes, la relación se deteriorará.

Por eso suelo decir, a propósito de esto, que *la belleza de una mujer perdió a muchos hombres,* con lo que quiero dar a entender que cuando se valora en exceso lo puramente externo y se dejan en segundo o tercer plano aspectos como el carácter, la forma de ser, la capacidad de entrega, los valores humanos, las virtudes o la firmeza de unas creencias sólidas y comprometidas, los resultados negativos terminarán por llegar.

¿Cómo tiene lugar el descubrimiento de una persona? ¿Por qué nos fijamos en ella? ¿Qué notas concretas entran a formar parte a la hora de elegir mujer o marido?

Uno de los libros más interesantes sobre este tema es, como ya hemos referido, el del poeta árabe Ibn Hazm, *El collar de la paloma*. En él se describen las causas del amor:

> «De todas las causas del amor la forma más importante es la hermosura física (...), la belleza es un incentivo irresistible que ha puesto en trance de caer incluso a los mismos profetas; la belleza constituye acaso la condición indispensable del amor, pero no es el amor mismo (...). En el enamoramiento se produce el secreto de la atracción, que está en la afinidad que hay entre ellas, lo afín, la comunidad de especie, la mutua simpatía. El verdadero amor consiste en una elección espiritual y una fusión de las almas.»

Platón unió para siempre los conceptos de amor y belleza, al considerar que esta última es algo esencialmente subjetivo, de ahí que puedan existir tantos estilos y fórmulas de la misma. Cada hombre descubre uno o varios ángulos de ella, y por su forma de ser selecciona los que le parecen más interesante o sugerentes. En *El banquete* afirma Platón que «el amor es filósofo», en la medida que invita a buscar la sabiduría y aquello que es mejor para el hombre.

85

Se ha dicho que el hombre es un animal amoroso. Yo creo que *el amor es lo que da sentido a la vida humana, su verdadero fin.* Por eso podríamos decir mejor que *el hombre es un animal amoroso.* En la vida actual hay sed de amor. Se habla mucho de *amores,* en plural, y poco de *amor* en singular, con la profundidad y la grandeza que éste debe tener. El hombre moderno vive bajo la amenaza de la deshumanización; incluso puede perder su más genuina condición en esta selva decadente que se desliza hacia una *era del vacío y del absurdo.*

Enamorarse es encontrarse con la persona con la que uno quiere compartir la vida. Pero caeríamos en la utopía si pensáramos que el enamoramiento funciona de modo automático, que una vez que se ha producido todo continúa fácilmente, de forma natural. No, no es así. Toda pretensión humana suele llevarse a cabo de manera deficiente, de ahí la necesidad de corregir, pulir, limar, retocar y reconducir. Y esto sucede también en el amor entre un hombre y una mujer. *Hay que aspirar al mejor amor posible, poniendo en dicha empresa lo mejor que uno tiene.* Casi nunca se llega en la vida a conseguir un amor pleno, pero hay que intentarlo cueste lo que cueste.

No se puede vivir sin amor. Lo que hay que hacer es tener en el corazón un amor grande y luchar por alimentarlo, para que crezca y arrope nuestras vidas. Esto no se consigue si no es con muchos esfuerzos pequeños, realizados a diario, con insistencia y dedicación. Se busca el bien y se alcanza cuando se ama; y se ama cuando se quiere el bien del otro, lo mejor para esa otra persona.

En inglés y en francés hay dos palabras —*fall* y *tomber*, respectivamente— que significan «caída». Al principio se cae en el amor; es como una especie de revelación que obliga a otra lectura del pasado y dilata en positivo el porvenir; un estado de ánimo nuevo descrito magistralmente por Denis de Rougemont en su libro *El amor y Occidente*, así como por André Maurois en *Sentimientos y costumbres*. Ya Platón en *El banquete* había hablado de «locura divina» para referirse a ese *estado naciente*, a esa manifestación novedosa que es primicia y promesa: el estreno de una relación representa frescura y sorpresa, pero también ofrenda hacia el futuro, vínculo de compromiso para compartirlo todo.

Con el amor emergen de forma gradual los sentimientos de armonía, orden interno y serenidad festiva. Es un tiempo delicioso que uno desearía detener; suma y compendio de lo mejor que uno ha vivido. *Todo enamoramiento verdadero implica una transformación personal importante.* Se abre la puerta a lo mejor; se entra en un estado de plenitud, en el que uno queda cautivado mentalmente.

Cómo mantenerse enamorado.
La alquimia del amor

Del enamoramiento al amor establecido, del maravilloso estado de embriaguez a la realidad diaria hay un largo trecho.

El hombre actual ha alcanzado altos niveles científicos y técnicos; pero en muchos sentidos está perdido, sin brújula. Un buen ejemplo son las crisis conyugales y las consiguientes rupturas. ¿Qué es lo que está pasando, qué epidemia es ésta y qué significa? *Las dos nuevas plagas, las rupturas conyugales y los niños ping-pong, son sus más claros indicadores.* Entonces, ¿para qué sirven tantos logros científicos y técnicos? ¿Qué contrasentido es éste, que tras haber alcanzado un notable nivel de vida, el hombre se haya quedado tan desprovisto de recursos a la hora de proyectar o planificar una vida serena, ordenada, sin rupturas en la convivencia diaria? ¿Por qué tantas situaciones de fracaso, tantas amargas cicatrices?

La vida tiene hoy un ritmo trepidante; todo va demasiado deprisa. En el mundo occidental hemos cambiado más en las últimas décadas que en todo un siglo. Las transformaciones en las ideas, las modas, las costumbres y las concepciones sobre la vida se suceden aceleradamente. Por eso, ante estos vaivenes bruscos, súbitos, inesperados, el hombre necesita estar al día, reciclarse, lo cual implica desechar lo que no tiene validez y aceptar lo nuevo, siempre que sea positivo y favorezca el progreso personal y general. Y ésta es una operación difícil.

Por medio cruza la vida cotidiana, que sigue siendo la gran cuestión. *Lo cotidiano no es nunca banal, ni insignificante, ni puede descuidarse.* En ello se encierra buena parte del secreto de la vida. Las cosas pequeñas son las importantes; las que hay que cuidar con esmero. Hay que aprender a descubrir *la arqueología de la vida,* y el mejor modo es seguir esta dirección.

Para avanzar en nuestro análisis, definiremos los *ingredientes del amor conyugal.* Entre los elementos esenciales cabe destacar siete:

1. *Sentimiento.* El amor conyugal es, ante todo, un sentimiento. Ésta es su primera característica. Pertenece, por tanto, al terreno de la afectividad. Si el amor humano es algo, es entrega, búsqueda del bien y la felicidad del otro, un constante acto de dar y recibir. Joseph Pieper decía que amar es aprobar, dar por buena a esa persona, celebrar que exista.

2. *Tendencia.* Ésta surge de la intimidad y consiste en inclinarse hacia el otro de modo persistente. Es la consecuencia de la atracción. La comunicación y el progresivo conocimiento mutuo serán los apoyos o bases de la pareja y la convivencia.

Esta tendencia psicológica tiene una primera instancia sexual. Por eso este amor es distinto de la amistad o de otros tipos de amor. *El amor conyugal es sexuado,* y en él se van a complementar dos psicologías sexualmente distintas. Pero conviene no perder de vista que amor no es lo mismo que sexualidad. De lo contrario, estaríamos ante una relación preindividual y anónima, que no busca el bien ajeno, sino la satisfacción propia. Este asunto está bastante distorsionado en la actualidad, pues la decadencia del mundo occidental ha convertido las relaciones sexuales en una especie de juego trivial, un conjunto de sensaciones sin ningún compromiso. De este modo la sexualidad se degrada, se trivializa, y al final se convierte en algo catártico o neurotizante. Hay que recuperar el verdadero sentido antropológico de la sexualidad, que en la vida conyugal revela y esconde a la vez la profundidad y el misterio de la compenetración de dos personas que se quieren.

La tendencia es, por tanto, sexual, psicológica, espiritual y cultural. En cada caso se produce un intercambio de flujos. Si esto no es así, la pareja no se comunicará, será incapaz de establecer puentes de afinidad, conexiones de entendimiento, intereses comunes. Porque la esencia del amor conyugal es ante todo espiritual. Así lo entiende Max Scheler, quien en su libro *Esencia y formas de la simpatía* habla del amor como algo espiritual, basándose en las ideas de San Agustín (*ergo amoris*) y Pascal (*ordre du coeur*). *El amor debe apoyarse en los valores.* Ése será el mejor baluarte para que el edificio no se derrumbe ante las primeras adversidades serias que, inevitablemente, llegarán en algún momento.

Fue Bretano quien subrayó que el amor es un acto intencional, que trasciende hacia el ser amado ya que éste es muy valorado. En definitiva, el amor como tendencia no es algo arbitrario, sino selectivo.

3. *Voluntad.* El amor necesita del ejercicio de la voluntad, porque lo refuerza, lo afirma, hace que se consolide mediante una conquista diaria audaz y perseverante. *El amor hay que cuidarlo.* No olvidemos que el mejor sentimiento se desvanece con el tiempo si no se está sobre él. La confusión, el paso de los días y las dificultades de la vida erosionan el

amor humano. Por eso hay que estar atento y aplicar la *fuerza de voluntad, que no es otra cosa que tesón, firmeza que no se doblega, insistencia en los objetivos.* Y ello encaminado a mejorar ese amor. Todo lo grande del hombre es producto del esfuerzo insistente de la voluntad. ¿Cómo conseguir acrecentar y perseverar en el amor? Corrigiendo, modificando y perfeccionando esa relación afectiva. En definitiva, enmendando la conducta al compás de la vida en común, saliendo al paso de sus dificultades, poniéndoles remedio.

4. *Inteligencia.* En el amor de la pareja también son clave ciertas dosis de inteligencia. Su participación aligera la convivencia y permite que la afectividad de ambos congenie mejor. Inteligencia es conocer al otro y a uno mismo, saber qué resortes se deben poner en juego.

Aparentemente, su concurso quita espontaneidad a esa relación, pero no es así. Lo que en realidad hace es darle firmeza, consistencia, solidez arquitectónica. Se expresa como un acto reflexivo que conduce hacia un acoplamiento gradual cada vez más armónico. ¿Cómo, si no, se entendería que alguien se juegue su futuro sentimental sin aportar los componentes más genuinamente humanos, como son la voluntad y la inteligencia?

Cuando el amor es sólo sentimiento, puede ocurrir que dependa exclusivamente de las sensaciones, y se concrete en algo inmaduro, adolescente. El amor debe recorrer un trayecto adecuado: comenzar siendo algo puramente emocional y, con el tiempo, ascender a la cabeza, volverse racional, reflexivo, coherente, pero sin perder la frescura y viveza de sus primeros pasos. Así se consigue un amor duradero y maduro: con el corazón y la cabeza.

5. *Filosofía o proyecto común.* El amor necesita una filosofía común de la pareja; una forma similar de entender la existencia, tanto en las creencias como en las actitudes básicas, pasando por una comprensión parecida de la realidad. Así se establece el juego de alianzas de la compenetración.

La vida en común no se da hecha, hay que realizarla, inventarla, anticiparse a ella. Y si no se parte de unos criterios relativamente iguales, aparecerán más tarde las diferencias de interpretación, los puntos de vista diametralmente opuestos, la dificultad de entendimiento y, al final, la imposibilidad de vivir juntos. Tiene que haber algo dentro que active y haga funcionar el amor.

El cristianismo sitúa el amor entre un hombre y una mujer en un plano muy elevado, pensando que se trata de una de las grandes empresas de la vida. Hasta hace unos años, Europa había impuesto las líneas magistrales al resto del mundo. Hoy esto ha cambiado, y son Estados Unidos y Japón los países que llevan las riendas. ¿Por qué? Porque Europa está vieja; su decadencia es evidente y no ha sido capaz de fabricar *ideales de recambio.* De ahí que las parejas europeas hayan perdido de alguna manera su orientación cristiana. Esto es grave, y las consecuencias negativas están ya sobre el tapete.

Una religiosidad profunda, coherente y comprometida será un baluarte para el futuro del matrimonio.

6. *Compromiso.* Finalmente, el amor conyugal es *compromiso.* La libertad queda recortada en el amor humano. Como decíamos antes, *amar es elegir, y elegir es seleccionar y renunciar a otras posibilidades.*

El compromiso es una especie de obligación que se contrae con el futuro de otra persona, estableciéndose un acuerdo que es promesa y reserva de vida afectiva. *No hay amor conyugal auténtico si no existe un compromiso voluntario y responsable.* En consecuencia, se exige la libertad del otro.

7. *Fluencia y dinamismo. Toda vida humana es dinámica, y también la conyugal.* Si fuera estática, no harían falta revisiones periódicas de ambas existencias y de la vida en común, ni replanteamientos sucesivos, ni deseos de cambiar y mejorar. Sería una concepción utópica, alejada de la realidad. La pareja debe saber que, a medida que la vida transcurre, hay fragmentos de ella que giran, se modifican, avanzan, se orientan de otro modo... Esto trae consigo una movilidad que es normal y buena, y que hace necesarias las sucesivas adaptaciones a las circunstancias personales y de pareja.

Ésta es la *alquimia del amor conyugal.* [2] *Un sentimiento y una tendencia, que necesitan de la voluntad, la inteligencia, el compromiso, la fidelidad...* Su fondo, ya lo hemos mencionado: entrega y donación a la persona amada.

El amor inteligente está constituido por elemen-

---

[2] La vida conyugal tiene un alto porcentaje de «artesanía» psicológica; es como una obra de arte que ha de ir tallándose y barnizándose.

tos afectivos, racionales y habilidades para practicar la comunicación. Cuando éstos se descuidan y el desgaste natural de cualquier relación se acrecienta, hay que ponerse a trabajar en la línea indicada y cuidar la relación a base de amor.

EL DRAMA DE LA CONVIVENCIA

Cualquier amor, antes o después, se encuentra con una realidad concreta y determinada: la *convivencia,* esa situación por la cual dos personas que se quieren lo comparten todo. *La convivencia es el punto máximo o inflexión del trayecto que comienza en el enamoramiento y se apoya en la realidad diaria; es el punto de encuentro de lo que cada uno lleva en su interior.*

La vida diaria sigue siendo la gran cuestión. Todas las teorías, ideas preconcebidas, argumentos y estilos psicológicos confluyen en una misma realidad, que consiste en vivir bajo el mismo techo. Es el momento de la verdad. La convivencia diaria es dura, porque exige esfuerzos repetidos para aceptar al otro como es y, a la vez, ayudarle a cambiar en lo que sea necesario. [3] Al mismo tiempo, plantea la

---

[3] ¿Qué hacer cuando algo del otro no se puede cambiar, porque está tan integrado en su conducta y tiene unas raíces tan fuertes que es imposible arrancarlo? ¿Qué camino seguir? En esos casos es preciso revisar si se trata de algo negativo de la personalidad del otro que afecta sólo al que convive con él, o algo *objetivamente* duro e insalvable. No obstante, cuando el cambio es imposible hay que aceptarlo con amor y paciencia. En la aceptación serena está la superación del dato. Además, ¿quién ha dicho que el amor no tiene una parte de resignación?

necesidad de modificar lo que no funciona en el plano personal y complica la vida en común. Es un trabajo laborioso.

Convivir es, ante todo, compartir. Tomar parte en la vida ajena y hacer partícipe de la propia. Es una prueba complicada en la que demostramos muchas cosas concretas de nuestro modo de ser y, en definitiva, el destino final de cualquier pareja. No olvidemos que *la primera fuente cultural es la familia,* ya que en ella —además de en la escuela— es donde se alimenta el niño y más tarde el adolescente. El papel de la familia es esencial en el desarrollo de la personalidad y en la configuración de la psicología, porque es el núcleo donde se asienta la realidad del hombre.

A continuación señalaremos cinco puntos claves para una correcta convivencia conyugal:

1. *El conocimiento adecuado de uno mismo.* Cuando uno sabe cómo es, tiene bien estudiadas las coordenadas de su psicología, todo se desarrolla mejor. Conocer las cualidades y los defectos propios constituirá la base, el punto de partida. Esto implica enfrentarse a uno mismo e intentar aportar soluciones psicológicas para «resolverse» como problema; es decir, ahondar, profundizar, captar, para así *llegar a conocerse.* Teniendo conciencia de las *aptitudes* y *limitaciones* personales, será más fácil controlar las borrascas y tempestades que ineludiblemente habrán de sobrevenir a esa vida compartida.

Uno no se conoce a sí mismo cuando es inseguro, inmaduro, o tiene una personalidad poco sólida, mal estructurada. La madurez de la personalidad no es un destino definitivo, al que uno llega y se instala de por vida, sino una meta de niveles progresivos que nunca alcanzan el nivel máximo, siempre se puede escalar una posición más elevada. Ésa es la grandeza y la miseria de la personalidad. Porque *la personalidad es también un proyecto que podemos mejorar.* Y ello representa una *conditio sine qua non* para que la vida diaria compartida pueda discurrir por unos cauces adecuados.

2. *El esfuerzo diario para fortalecer la relación.* Es necesario esforzarse diariamente en pulir, limar y rectificar aquellos aspectos de la personalidad que dificultan, entorpecen o impiden el trato y la relación cotidiana. Se trata de luchar poco a poco por desterrar lo negativo y modelar los aspectos menos positivos del propio comportamiento; *una tarea de reforma personal ligera pero continua,* suave y sosegada, pero firme y consistente. Sin estos propósitos concretos es imposible esperar cambios que favorezcan una mejor relación.

El hombre necesita una especie de «pequeña contabilidad» en la que registrar y anotar el *debe* y el *haber* del día a día, un inventario y balance, observando cómo fluye la vida cotidiana. Por eso lo mejor es proponerse *metas muy concretas* y tratar de conseguirlas con firme voluntad. Es frecuente ver en la consulta de un psiquiatra personas que afirman no poder cambiar. Sin embargo, salvo que estemos ante un psicópata, la personalidad puede rectificarse, someterse a una operación quirúrgica menuda, pero muchas veces decisiva, para corregir los rasgos del mal carácter, la queja continua, la incapacidad de ver el lado bueno de los demás, los prejuicios, el egoísmo de pensar sólo en uno mismo... ¡Qué satisfacción se experimenta cuando uno se esfuerza y gana la batalla! Se van desmontando así esquemas rígidos, intransigentes, que dan paso a otros más flexibles y tolerantes. La convivencia se aligera y adquiere un carácter más ágil y armónico.

3. *La comprensión mutua.* Para la buena convivencia son imprescindibles dos actos: *entender,* que significa literalmente «tender hacia el otro» y llegar a su encuentro; y *comprender,* que quiere decir «ponerse en el lugar del otro», abrazar, unirse, hacer propios los intereses y problemas del otro. Por eso *comprender* es aliviar, disculpar, tender una mano.

Cuando le decimos a alguien «comprendo lo que te pasa», «me hago cargo de lo que te sucede», estamos rodeándole con nuestro corazón. En la convivencia conyugal esto tiene mucha trascendencia, puesto que el ritmo de vida, las ocupaciones de cada uno y el cansancio recíproco, entre otras cosas, pueden hacer que se descuide u olvide este punto. La falta de comprensión por parte, justamente, de la persona que en teoría más debería comprendernos es una vivencia dura, una contradicción que, si se prolonga, si va siendo una constante, puede perjudicar la vida de la pareja, pues la introduce poco a poco en una crisis conyugal grave.

Esto nos lleva a interesarnos permanentemente en nuestro cónyuge y en nuestros hijos. La convivencia «codo con codo» nos da unos criterios para ir ensayando la forma más adecuada de conducta. Éstos son el *texto* y el *contexto* de la pareja: el contenido y el continente. *La convivencia debe ser argumental*: del diálogo, del esfuerzo por buscar puentes de comunicación, temas de conversación, surge un *texto argumental que atravesará la geografía conyugal* con su mensaje.

4. *El respeto y la estimación recíproca*. La vida es muy larga y el roce diario produce cierta erosión. El *respeto* es atención, consideración, deferencia, que hace tener en cuenta la dignidad del otro, apreciándole en lo que vale; en una palabra: *tolerancia*. Voltaire, en su *Tratado sobre la tolerancia*, la define como la gran herramienta de la vida en común, mediante la cual se logra una coexistencia pacífica entre las diversas posturas ideológicas y puntos de vista. Locke, en su *Epístola acerca de la tolerancia*, expone que tolerar es no oponerse inflexiblemente a las diferencias de contrastes que conlleva vivir en comunidad. [4]

Éste es el camino para alcanzar una *apreciación mutua*, en medio de la diversidad de formas de ser y pensar. Así se aprende a escuchar al otro, a dejarle hablar, a facilitar el diálogo, precisamente una de las facetas centrales de la convivencia. Se puede estar en desacuerdo sobre un tema concreto, pero esta divergencia se ha de expresar sin ofender ni faltar.

---

[4] El triunfo de la Ilustración en el siglo XVIII y del pensamiento liberal en el XIX han llevado al reconocimiento del *principio de la tolerancia*.

Muchas incompatibilidades de carácter son originadas por la intolerancia. En el fondo se trata de *aceptar el pluralismo*, de aceptar de buen grado la diversidad. Cuando se tiene una visión más amplia, el horizonte se ensancha y se hace más llevadera la vida y su dinámica.

5. *La sistematización.* La vida humana debe ser sistemática: ha de existir en ella un orden, unas conexiones y secuencias sucesivas. Cuando va demasiado deprisa, como ocurre hoy en día, es casi inevitable la sensación de caos. *El orden es el placer de la razón.* Por eso resulta sedante, portador de serenidad y sosiego. Pues bien, cuando se dan estas condiciones psicológicas, el hombre es capaz de pensar cómo puede mejorar su convivencia conyugal, qué medios concretos puede poner. Hay que intentar mejorar toda relación de pareja, pues toda convivencia es perfectible.

La vida acelerada, trepidante y vertiginosa hace muy difícil la convivencia. Debido a este ritmo a veces impuesto, *uno está cada vez más lejos de sí mismo*, traído y llevado, ajetreado por demasiadas cosas, atento a muchos temas y dependiente de excesivos reclamos. En esas *latitudes* se inician muchas rupturas de pareja que podrían haberse evitado.

Por tanto, ¿qué hacer? Lo conveniente es centrarse en la vida precisa y limitada de cada día, y poner allí lo mejor que uno tiene. *Porque la vida se hace con detalles pequeños*, ésa es su configuración interna. Podríamos decirlo incluso de forma más comprometida: *la vida está en los detalles menudos que facilitan y alegran la convivencia.* Sus manifestaciones constituyen un inventario imperceptible, subterráneo, que favorece el trato mutuo: interesarse por el otro, compartir sus preocupaciones, hacer la vida amable, sin estridencias, disculpar siempre que sea preciso, poner buena cara cuando uno se siente afectado por algo, desdramatizar los pequeños contratiempos que casi nunca faltan, aprender la moraleja de las situaciones de tensión para tratar de evitarlas en el futuro, luchar por no tener una susceptibilidad a flor de piel que dificulte el trato, poner sentido del humor siempre que sea preciso y un largo etcétera en esa misma línea.

La convivencia debe ser una escuela donde se ensayan, forman y cultivan las principales virtudes humanas: la naturalidad, la sencillez, el espíritu de servicio, la generosidad, la paciencia, la fortaleza, la sinceridad... un sinfín de elementos que configuran un trato delicado que contribuirá a la armonía de la convivencia.

La capacidad diaria para convivir es como un termómetro que registra la altura, la anchura, la profundidad y la categoría del perfil de la personalidad de cada uno. Es la hora de la verdad, el momento en que sale a la luz lo que cada uno lleva dentro. Asimismo es importante que toda educación esté regida por la voluntad, la base real para conseguir una convivencia buena, estable, inteligente, con capacidad de maniobra para superar los escollos y con suficientes recursos psicológicos para salir airoso de las tormentas y marejadas propias de esta navegación.

IV. LOS PRINCIPALES ERRORES ACERCA DEL AMOR

Equivocarse en las expectativas

Hay muchos dichos, sentencias y refranes del lenguaje popular que están llenos de sabiduría. Pero hay otros que circulan libremente y que esconden en su seno errores y desaciertos engañosos. En un tema tan importante para el hombre como es el amor conyugal, las consecuencias que se derivan pueden resultar muy negativas. No obstante, la sociología actual está cambiando a pasos agigantados y el clamor que llega continuamente sobre la dificultad de mantener una relación matrimonial estable hace que mucha gente empiece a estar advertida de que algo no funciona de forma adecuada.

Las expectativas son ideas preconcebidas, esperanzas, ilusiones sobre lo que se entiende a nivel general que debe ser un determinado asunto. Nuestra manera de ser estará constituida por diversos factores: la información que hemos ido recibiendo desde pequeños, la educación sentimental —si la hubo—, los referentes familiares, las circunstancias personales, el estilo de vida, así como las ideas y creencias que se han ido hospedando en nuestro interior. Todo ello forma el subsuelo en el que nos apoyamos.

Es evidente que la afectividad y el aspecto profesional constituyen dos ejes decisivos en la consolidación de la vida. Hasta hace tan sólo unos años, la mujer era especialmente sensible a las frustraciones sentimentales y el hombre a las profesionales. Hoy esto está cambiando por la incorporación cada vez más acelerada y progresiva de la mujer al campo laboral y su acceso a las tareas tradicionalmente masculinas.

Cuando ambos asuntos —la afectividad y la profesión— están bien ajustados, empezamos a tener un soporte sólido, un *proyecto personal* con buenos cimientos.

Pues bien, ¿cuáles son hoy los errores más frecuentes en el manejo indiscriminado de la palabra *amor*? Los describiremos a lo largo del capítulo, pero de modo sucinto son los siguientes:

1. Divinizar el amor.
2. Hacer de la otra persona un absoluto.
3. Pensar que es suficiente con estar enamorado.
4. Creer que la vida conyugal no necesita ser aprendida.
5. Ignorar que existen crisis de pareja.
6. No conocerse a uno mismo antes que a la pareja.

Elogiar en exceso el amor, absolutizarlo tanto que nos deslumbre y nos haga pensar que las cosas serán siempre así es un error. En el amor inteligente hay una visión inmediata y otra mediata, una próxima y otra lejana, una cerca y otra remota; en un caso la mirada se concentra en el aquí-ahora, y en el otro en el allí-allende.

Con la divinización del amor entramos en ese mundo mágico y excepcional de la poesía, que nos ofrece sólo una parcela de la realidad sentimental: la mejor, aquélla menos compleja y carente de problemas.

En su soneto *Varios efectos del amor* Lope de Vega lo resume de la siguiente manera:

> Beber veneno por licor suave,
> olvidar el provecho, amar el daño,
> creer que un cielo en un infierno cabe,
> dar la vida y el alma a un desengaño:
> esto es amor. Quien lo probó lo sabe.

Un siglo antes, Juan de la Encina decía en uno de sus villancicos:

> No te tardes, que me muero, carcelero.
> Sácame de esta cadena
> que recibo muy gran pena
> pues tu tardar me condena,
> carcelero.

El amor es divino y humano. Se amasa con materia y espíritu. Pero a la larga, siempre necesitará recomponerse, volver a empezar, redefinirlo, verlo con ojos nuevos. Desconocer esto es no saber la base del tema. Dice un verso anónimo clásico:

> *Corazón que no quiera*
> *sufrir dolores,*
> *pase la vida libre*
> *de amores.*

O aquel otro de San Juan de la Cruz:

> *Quien no sabe de penas*
> *no sabe de cosas buenas*
> *ni ha gustado de amores,*
> *pues penas es el traje*
> *de amadores.*

Esto no es divinizar el amor, sino entenderlo en una de sus inevitables facetas. Su caleidoscopio sensorial oscila y se mueve, pero lo importante es que la resultante de esos movimientos sea positiva.

El gran poeta romántico Gustavo Adolfo Bécquer nos sitúa ante el enamoramiento y nos deslumbra con sus certeros dardos expresivos, al ofrecernos lo mejor de sí mismo.

Sería como una prolongación del concepto de *cristalización* [1] que describió Stendhal, pero con más fundamento. Aquí se sitúa al otro en una posición excesivamente elevada, en un pedestal psicológico. Pero como la visión que se va a ir teniendo de él es milimétrica, propia de una convivencia codo a codo, existirán miles de ocasiones en que esta imagen caiga y se desplome; no de un día para otro, pero sí de forma gradual.

La convivencia conyugal va a ofrecer una doble panorámica: *sincrónica* y *diacrónica*; del hoy y ahora, del presente, y también longitudinal, histórica. Ambas visiones se abrazan y configuran una óptima, más compleja. Es cierto que puede y debe aspirarse a mantener la admiración por el otro, pero sin llegar al extremo de no ver sus defectos; es decir, hemos de saber aceptarlos como condición *sine qua non* de lo que es el ser humano. Esto es tener los pies en la tierra.

El amor inteligente tiene capacidad para dirigir la vida en común y controlar las variables más importantes que lo integran o conforman; sabe adelantarse, prever, no entregarse fácilmente a los im-

---

[1] Nadie debe «absolutizar» a otra persona. ¿Por qué? Porque a lo largo del tiempo esa percepción cambiará y producirá una fuerte decepción. La vida es larga y compleja. ¡Qué circunstancias y momentos inesperados y difíciles tendremos que pasar! Y de esa otra persona, espectadora de primerísima fila, observaremos sus reacciones. No olvidemos que *uno de los puntos esenciales para mantenerse enamorado es seguir admirando al otro,* y alimentando las bases positivas que hicieron nacer ese amor.

pulsos de la imaginación. La inteligencia, en tanto que capacidad de síntesis, nos ayuda a situarnos de forma correcta en las coordenadas de lo que significa la vida en pareja.

Hacer de la otra persona un absoluto es concebirla como *parte fundamental de la felicidad personal.* En este punto es preciso hacer una observación: la felicidad es una operación compleja, proyectiva, que ha de estar compuesta de amor, trabajo y cultura; de lo contrario no se consigue que sea sólida y coherente. Los tres factores tendrán momentos difíciles y atravesarán baches que los pongan a prueba, cada uno a su nivel. *No hay felicidad sin esfuerzos pequeños, grandes y continuados por enderezar el rumbo de los principales argumentos, cuando éstos se desvían de las rutas adecuadas.* La inteligencia humana aplicada al amor conyugal nos proporciona una mejor situación frente a la afectividad; consigue una autodeterminación adecuada y, de forma gradual, más positiva. No se alcanza de entrada una velocidad de crucero, sino que se necesita tiempo para mejorar.

PENSAR QUE ES SUFICIENTE CON ESTAR ENAMORADO

Es un fallo bastante generalizado pensar que *sólo con estar enamorado es suficiente para que funcione el amor.* Ése es el principio, el empujón que activa toda la maquinaria psicológica de los sentimientos y que en los comienzos tiene una enorme fuerza y validez. Pero *el amor es como un fuego;*

hay que avivarlo día a día, si no se apaga. Hay que nutrirlo de detalles pequeños, en apariencia poco relevantes, necesarios para la tarea de la vida diaria. Cuando éstos se descuidan, antes o después la relación se va enfriando y acaba por llevarse las mejores intenciones.

Los economistas dicen que en los negocios hay que estar muy pendiente de los más mínimos detalles, para que no haya sorpresas. La afectividad se parece también a un negocio, en el que la cuenta de resultados es subjetiva y se mide por unos baremos privados que nos dicen si todo va bien o hay pérdidas.

Como expliqué en otra de mis obras [2], el hombre *light* centra su vida en lo material: dinero, éxito, poder, triunfo. Dicho de otra forma: hedonismo, consumismo, permisividad y relativismo. El placer está por encima de todo, y el acumularlo y darlo todo por válido deforma la visión de la realidad y la vuelve tan amplia que se borran los límites geográficos entre lo bueno y lo malo, lo correcto y lo incorrecto... Con tales presupuestos es muy difícil mantener una relación sentimental estable, salvo que la otra persona sea capaz de doblegarse, desaparecer psicológicamente y someterse. Sin embargo, eso no es matrimonio, ni relación conyugal ni vida de pareja. Eso es otra cosa.

La inteligencia afectiva es la herramienta psicológica que nos ayuda a plantear lo que son los sentimientos compartidos y a buscar soluciones. Es la

---

[2] *El hombre light*, Temas de Hoy, Madrid, 1992.

que permite anticiparse y resolver, prever y solucionar, dominarse a sí mismo e ir entendiendo la geografía sentimental en su diversidad. En este viaje exploratorio hacia la arqueología afectiva —espacio donde radica lo más humano del hombre—, uno debe esmerarse en limar planos, aristas y territorios que hay que modificar, enmendar y rehacer lo que no se desarrolla en condiciones.

CREER QUE LA VIDA CONYUGAL NO NECESITA SER APRENDIDA

Es de una gran inmadurez pensar que una vez que dos personas deciden compartir su vida todo irá viento en popa sólo porque existe la voluntad recíproca de que así sea. Es verdad que se necesitan, se compenetran y están enamorados; que hay un consenso sobre lo básico bien consolidado. No obstante, a medio plazo todo ello va a ser poco. *La convivencia es un trabajo costoso que exige comprensión y generosidad constantes; un trabajo en el que no se puede bajar la guardia.* Creo que no hay nada tan difícil como esto. En la pareja los lenguajes son físicos, sexuales, afectivos, intelectuales, económicos, sociales, culturales, espirituales. La integración de los diversos engranajes, su acoplamiento y el hecho de que las piezas rueden con cierta fluidez es una operación en la que hay que poner los mejores esfuerzos.

En la psicología del aprendizaje existe un conjunto de reglas que se van a ir cumpliendo para que esa información se archive en la mente y origine respuestas eficaces y certeras, que solucionen conflictos y resuelvan problemas. La inteligencia y la voluntad deben estar aquí muy presentes. La primera como ilustración, perspicacia, percepción integradora, lucidez reflexiva, vivacidad que mueve a la experiencia y la lleva al primer plano para aportar soluciones operativas. La segunda como herramienta para luchar deportivamente y vencer en las pequeñas batallas, para superar el capricho y el antojo del momento. La inteligencia y la voluntad potencian la libertad y dan en la diana de los propósitos.

En las terapias de pareja lo que hacemos es diseñar *programas de conducta* para cada una de las partes, estructurando unos puntos psicológicos que indican con claridad por dónde debe dirigirse el empeño y el forcejeo para *disminuir* lo negativo y *aumentar* lo positivo. La búsqueda de intercambio de conductas gratificantes mediante *refuerzos positivos* es esencial. Algunas personas tienen muy pocas habilidades en la comunicación conyugal y necesitan adquirir recursos psicológicos en ese ámbito. Las expectativas demasiado idealistas ignoran la importancia de estos aspectos. Después vendrá la vida con sus exámenes y esas asignaturas poco preparadas no podrán ser superadas. De este modo se establece una *reciprocidad positiva,* una especie de *círculo de satisfacciones bilaterales,* un intercambio de conexiones y vínculos que hace más fácil y agradable la vida del otro.

Nadie puede dudar de que esto se aprende. No es posible que uno inicie una relación y todo funcione por una especie de automatismo innato. Además, no hay que perder de vista que en la gran mayoría de los casos los motivos desencadenantes de un conflicto o de una tensión suelen ser fútiles, irrelevantes, nimios, detalles de poca importancia que, unidos a otros cansancios o frustraciones, producen reacciones de irritabilidad y/o descontrol. Hay que tener presente, pues, que lo trivial, lo insignificante, lo insustancial y baladí es en muchas ocasiones origen de discusiones tensas y enfrentamientos. Si consentimos que esas emociones negativas den paso al exabrupto y al rencor, no hacemos otra cosa que abrir las puertas al resentimiento y el disgusto, que si se acumulan, poco a poco llegarán a hacerse crónicos.

En el tratamiento de las crisis y las dificultades conyugales deben imperar dos principios como telón de fondo: una *aproximación* al conflicto tejida de mejoras concretas nacidas de las quejas relatadas al psiquiatra, y el hecho de *no renunciar ninguno a su individualidad,* manteniendo cierta dosis de independencia. [3] De hecho, en las parejas mal avenidas o con graves problemas, a la hora de iniciar un tratamiento psicológico es condición básica recoger en una especie de formulario las principales áreas de conflicto y las de buena comunicación; una histo-

---

[3] En la sociedad machista la mujer debe someterse al hombre, quien manda y ostenta la autoridad. Por suerte, esta actitud está hoy herida de muerte en Occidente, aunque todavía da coletazos. En muchas parejas las mujeres han soportado un trato muy desfavorable por parte del hombre, quien ha tenido una escasa valoración de su tarea profesional de ama de casa, efectivamente poco lucida y sin brillo, pero esencial en la educación familiar.

riografía de la pareja desde que se conocieron hasta el momento actual. [4]

Otra equivocación muy reiterada consiste en *desconocer que a lo largo de cualquier relación conyugal, por estable y positiva que sea, han de darse algunas crisis psicológicas.* Unas serán *fisiológicas* o normales, es decir, tránsitos necesarios, por donde hay que pasar sin más remedio, que forman parte de la misma condición humana, en lo que atañe a la comunicación y la convivencia. Otras, *relativamente fisiológicas*: suelen coincidir con el crecimiento de los hijos, el cambio generacional, las alternativas psicológicas, familiares y económicas... Ambas deben ser superadas sin dificultad, salvo que la pareja no encuentre mínimos puntos de apoyo o se produzca la intervención desafortunada de algunos miembros de la familia, cuya labor termina por tener un efecto contraproducente.

Más tarde puede darse otra serie de crisis de diversa significación, que necesitarán una lectura

---

[4] En el fondo se trata de hacer una historia clínica igual que si estuviéramos ante un enfermo de cualquier especialidad médica: situación actual (¿qué es lo que está sucediendo y por qué no funciona esa relación?), antecedentes, consecuentes, traumas habidos, motivos predisponentes y desencadenantes... para terminar haciendo un estudio psicológico de la personalidad de cada uno de ellos, así como la constatación de algún tipo de trastorno previo. Labor minuciosa de acopio de datos que deben ser ordenados y estudiados por el equipo terapéutico.

acorde con los hechos ocurridos: por infidelidad, por desgaste de la convivencia, como consecuencia de una relación monótona, rutinaria y vacía en la que el diálogo y el compartir cosas brillan por su ausencia...

El siguiente caso clínico puede servir como ejemplo.

Pareja del norte de España. Él es abogado, aunque terminó su carrera con muchas dificultades. Mal estudiante, hijo de una familia muy acomodada sin antecedentes universitarios, nos cuenta: «Cuando conocí a mi novia yo tenía 31 años y ella 20. Era hija de un profesional liberal conocido en su ciudad; un hombre con menos dinero que mi familia, pero más influyente por su profesión de abogado.»

»Yo había tenido una novia anterior, estudiante de Medicina. Terminó la carrera antes que yo y sacó una plaza del MIR cuando a mí me quedaban algunas asignaturas colgando. En parte terminé mi carrera de Derecho porque ella me ayudó. Era muy exigente conmigo; me pedía que buscara trabajo o que preparara unas oposiciones. Esa presión yo no supe entenderla y lo dejamos.

»Después pasé un año sin ninguna chica cerca, aunque salía y entraba. Cuando conocí a la que iba a ser mi mujer, me dejó deslumbrado porque era monísima, como una muñeca. Ingenua, once años menor que yo, llena de vida, con mucho estilo y de una familia archiconocida. Se dieron un conjunto de cosas para que sin casi darnos cuenta su familia y la mía vieran con muy buenos ojos lo nuestro.

»Durante el año y medio que duró nuestro noviazgo tuvimos muchas discusiones por tonterías. En algún momento incluso yo pensé dejarlo. Pero luego su madre y la mía conseguían que hiciéramos las paces y volviéramos a empezar.

»Yo notaba sobre todo que ella era una niña mimada, mala estudiante, con lo cual se parecía un poco a mí. Le gustaba ir de compras y era muy gastona, pero entonces no reparé en ello, me pareció algo de poco valor. Yo empecé a trabajar con mi padre, con lo que disponía de más dinero del que inicialmente podía suponer. Le hacía regalos continuamente. Ella quería más y yo se los daba. Era mi juguete. Caía bien a todo el mundo y la elogiaban porque además estudiaba Derecho, aunque prácticamente no iba a clase ni cogía un libro.

»En cuanto a mi carácter, siempre me he tenido por buena persona. Soy amable y leal con mis amigos, afectuoso, pero tengo poca voluntad, ya que desde pequeño no necesité luchar por conseguir nada... Ése puede haber sido uno de mis males. Soy presumido, me gusta vestir bien, ir de caza, ir a buenos restaurantes, aunque no tengo afición por la lectura, a pesar de que mi anterior novia me insistió mucho en ello.»

También escuchamos algunas afirmaciones de la mujer: «Yo me enamoré perdidamente de mi marido, aunque al principio pensé que era demasiado mayor para mí. Después vi que caía bien en mi familia y que contaba con su aprobación.

»Ahora creo que era demasiado joven o inexperta para tomar esa decisión. Tenía una idea del amor como algo maravilloso, que te llega y te envuelve por todas partes y tú no necesitas hacer nada. Pero el matrimonio no es así.

»Una vez casados empecé a desilusionarme: riñas, discusiones por tonterías, la familia de mi marido se entrometía demasiado... y, sobre todo, yo tenía muchos cambios de ánimo. Me volví más sensible que nunca y quería que mi marido estuviese casi todo el día cerca de mí.

»De esas discusiones sin importancia pasamos a mayores y yo empecé a no callarme, a rebatirle lo que me decía, a amenazarle con la separación sólo para ver cómo reaccionaba. Al alarmarse, cambiaría. Aunque, la verdad sea dicha, él no era malo, lo que pasaba es que yo sentía mucha necesidad de que se ocupara de mí, tanto en tiempo como afectivamente.

»Recuerdo muy bien la primera vez que le planté cara. Íbamos a cenar a casa de sus hermanas y en un momento dado él dijo algo contra mi padre, por un asunto que había salido mal en su despacho y que se sabía en toda la ciudad. Entonces yo empecé a meterme con su madre y le dije que era una inculta, que se daba mucha importancia y que no tenía ninguna... El resultado de todo ello fue que me marché de mi casa aquella noche y dormí en la de mis padres. Fue la típica rabieta, una tontería. Pero cosas de este estilo las fuimos repitiendo los dos.»

Los dos hijos, con un intervalo entre ambos de año y medio, al principio sirvieron de unión. Después, cuando todo se complicó, fueron materia de manipulación sobre quién se haría cargo de la guardia y custodia.

Vienen por primera vez a la consulta cuando llevan más de un mes separados. Ella se ha ido a casa de sus padres con los dos hijos y él se ha quedado en el domicilio familiar. La primera tarea que nos ocupó fue conseguir que no mediara ningún familiar, ya que se habían delimitado muy bien los campos y se había convertido en una guerra de familias. La intervención de la madre de ella fue la más difícil de cortar, pero en un par de entrevistas se le hizo ver que convenía que desapareciese de la escena.

Realizamos a ambos un *rastreo psicológico*, esto es, un resumen biográfico y la lista recíproca de peticiones. En las siguientes entrevistas, y tras un estudio psicológico bastante completo, detectamos en ella una *personalidad inmadura* y se lo hacemos ver, siguiendo aquel viejo principio de *fortiter et suaviter*. Reacciona relativamente mal, pero suele formar parte del tratamiento. Le hacemos un pequeño resumen explicativo de los síntomas de este tipo de personalidad, que verá reflejado en su *programa de conducta,* con el objeto de ir mejorando su comportamiento frente a sí misma y a su marido.

Los principales síntomas de la personalidad inmadura son: susceptibilidad casi enfermiza; cambios bruscos en el estado de ánimo sin motivo aparente, de un día para otro o incluso en el mismo día; dependencia del qué dirán; mala tolerancia a las frustraciones; reacciones caprichosas; incapacidad para ponerse metas a corto plazo y saber esperar —o dicho de otro modo, *incapacidad para aplazar la recompensa*—; poco espíritu de renuncia; frivolidad desbordante: necesidad permanente de figurar, ir a fiestas y a sitios a donde va gente conocida; desconocimiento de lo que

deben ser las relaciones sexuales en la vida matrimonial...

Al principio del tratamiento la mujer fue citada
cada semana, y él cada tres. La clave estuvo en la
buena empatía con el equipo terapéutico y en el
convencimiento de que era capaz de ir cambiando
poco a poco su conducta hacia sí misma primero y
hacia su marido después.

Para ajustar más su *programa de objetivos de conducta* se le instó a valorar cada uno a última hora del
día, dándose ella misma una puntuación de 0 a 4
(mal, regular, bien y muy bien), con dos variables por
ítem: *avance real,* es decir, exploración concreta de ese
aspecto durante ese día, y *mentalización,* esto es, cambio de actitud interior hacia la cuestión propuesta.

Nos fue sorprendiendo gratamente su mejoría. Lo
extraordinario de la psicoterapia es que abre los ojos
a esa persona y le descubre las cosas positivas que
hay en ella y a su alrededor. Más tarde se van puliendo las aristas de lo negativo, explicándole el porqué
de ese comportamiento y su inmadurez. [5] A las tres
semanas de tratamiento ella volvió a su casa. Nuestra
preocupación como médicos era que reviviera esquemas anteriores y tuviera reacciones histéricas [6] y

---

[5] Remito al lector interesado en la *personalidad inmadura,* al
Índice de materias donde encontrará las páginas en las que se comenta más ampliamente cada uno de los síntomas expuestos.

[6] Esta palabra significa *necesidad patológica de llamar la atención* —o dicho de otro modo, *grave dificultad para pasar desapercibido*— y también *tendencia patológica a dramatizar* los problemas y dificultades reales.

descompensadas [7]. Las advertencias surtieron efecto.

Este caso clínico, escogido entre muchos otros, es representativo de dos cosas:

1. De que el amor necesita ser aprendido; es decir, que dar y recibir amor requiere un saber, un conocer los modos y maneras más adecuados.

2. De que son importantes unos técnicos que desde fuera estudian y desde dentro actúan, ayudando a modificar conductas enfermas, inadecuadas, mal estructuradas, erróneas y llenas de equivocaciones.

Hay un hecho positivo en esta situación: la búsqueda de ayuda psicológica. Muchas crisis conyugales, por los motivos que sean, no se someten a la valoración de algún psiquiatra o psicólogo. Estamos hablando de un *trastorno de la comunicación* entre dos personas que, si no se arregla, trunca en un momento determinado sus vidas, con las consiguientes repercusiones en cadena a que esta situación da lugar.

No CONOCERSE A UNO MISMO ANTES QUE A LA PAREJA

Para que exista una relación estable *hay que tener cierto equilibrio psicológico*. Esto puede expre-

---

[7] Las *reacciones vivenciales sanas* son aquellas en las cuales se establece una buena relación *estímulo-respuesta*. Así, por ejemplo, la muerte de un ser querido que produce una tristeza profunda, el diagnóstico de un cáncer o la ruina económica son cuestiones graves que rompen el equilibrio psicológico. Entonces, cosas sin importancia, de poco relieve, dan lugar a respuestas desproporcionadas. También la psicoterapia es capaz de restaurar o corregir las maneras incorrectas de funcionar.

sarse de forma más categórica y pedagógica: *para estar con alguien es preciso estar primero con uno mismo.* Tener una personalidad bien estructurada es una operación laboriosa, lenta, de artesanía, en la que uno va talando y podando lo que no es útil y añadiendo elementos positivos que la irán haciendo más madura. *La personalidad siempre viaja con uno mismo, nos acompaña.* Por eso, junto con nuestro cuerpo como vehículo, constituyen los dos soportes primarios de nuestra realidad.

Cuando se ha tenido un modelo de identidad como inspirador todo resulta más fácil. Séneca decía: «Lento es el enseñar por teorías, pero breve y eficaz por el ejemplo.» En la forma de ser se reúnen muchos segmentos psicológicos diversos que forman un mosaico; se alojan parcelas diferentes que es menester conciliar para conseguir una personalidad sólida y equilibrada. *En el mapamundi del proyecto de vida, la personalidad es el puente hacia los tres grandes aspectos: amor, trabajo y cultura.*

He conocido personas con dos, tres o cuatro uniones, todas fracasadas por una mala relación. Gracias a mi oficio he estudiado esa forma de ser y he podido darme cuenta de que el fallo, el problema, no estaba en la relación interpersonal, sino en que ese individuo no tenía una *personalidad bien definida.* Llegar a un buen equilibrio en este sentido es una de las tareas prioritarias que cada uno debe hacer consigo mismo. Para cambiar y corregir algo propio es necesario ser muy concreto, conocer qué aspecto no está bien estructurado y ponerse manos a la obra. Pienso que en tales casos no se hace necesaria la participación de un psiquiatra o un psicólogo. Basta con que uno tenga cierta capacidad psicológica y la valentía de enfrentarse a ello. En otras ocasiones más complejas sí hay que buscar ayuda terapéutica.

En la conducta humana, insisto, hay un asunto que es primordial: *conocerse a uno mismo,* observando *aptitudes* por un lado, *limitaciones* por otro y *errores pequeños* que es preciso corregir. La realidad de cada uno tiene un bastión clave en la propia forma de ser. *Cuerpo y personalidad forman un binomio inseparable y decisivo,* y son muchos los elementos que van a ayudar a conformarlo: *estar en la realidad,* es decir, vivir con los pies en la tierra; ser *realistas* y *conscientes* de lo que hemos ido alcanzando; tener *un proyecto de vida;* y *asumir y digerir el pasado* con todo lo que ello conlleva: por ese camino se han superado viejas heridas y al mismo tiempo se ha evitado «el cambio de sentido», que hace volvernos hacia atrás con ira, rencor y, tal vez, resentimiento, pidiéndole cuentas a la vida por tratarnos de una u otra forma.

Asimismo es imprescindible la *alegría* en la personalidad. El gozo y la satisfacción de seguir en la brecha, luchando por sacar lo mejor de uno mismo, a brazo partido con las dificultades que surgen alrededor y pretenden desviarnos de la dirección propuesta. Hay que atreverse a tener *una visión global de uno mismo*, no parcial o a trozos, y buscar la unidad intrínseca que se hospeda en ella.

Pero lo más importante de la personalidad es la integración de los diferentes aspectos que la conforman. Como si se tratara de una partida de ajedrez entre los grandes aspectos que la gobiernan: razón frente a sentimiento; negro frente a blanco; transparencia frente a opacidad; libro abierto frente a texto críptico que hay que descifrar...

Si la vida es un arte, su protagonista será aquel artesano capaz de dar con la mejor combinación posible de los tres principales aspectos: cabeza, corazón y espiritualidad; o, en otras palabras, *inteligencia, afectividad y trascendencia*. Ensamblados de forma particular, los tres confieren a la pesonalidad solidez, firmeza, consistencia y coherencia interior. De cada uno de ellos se derivan vertientes, facetas, aspectos parciales y perspectivas concretas.

El amor, como antes he afirmado, *es un misterio, no un enigma; se puede descubrir y comprender, por ello nunca hemos de contemplarlo como oscuro e imposible*. Ése es su principal componente. Sin amor auténtico todo en la vida es soledad y vacío. Hoy nos encontramos con muchos *sucedáneos del amor*: productos afectivos livianos, ligeros, con los cuales no se puede llegar muy lejos.

Ignorar la afectividad es una de las peores carencias. La *inteligencia*, por su parte, nos ayuda a abrir los ojos, a captar y utilizar la información acumulada; nos sitúa en la mejor de las perspectivas mediante una evaluación de los hechos: quién, qué, cómo, cuándo, dónde y por qué. La persona inteligente no es la que da las mejores respuestas, sino la que hace las mejores preguntas. Los niños son filósofos espontáneos: hacen las preguntas fundamentales. La cordialidad, la *trascendencia* y el talento hacen fuerte la inteligencia.

V. CONDUCTAS QUE HACEN MUY DIFÍCIL MANTENER EL AMOR

LA SOBERBIA Y EL ORGULLO

La soberbia es el origen de casi todos los defectos del hombre, del mismo modo que la humildad, la sencillez, es fundamento de casi todas sus cualidades o valores. Podemos definir la soberbia como la pasión desenfrenada por el valor de uno mismo; un amor desordenado que se acompaña de una hipertrofia del yo, fuente y origen de muchos de los males de la conducta. En definitiva, una actitud que consiste en la propia adoración, en la idolatría personal.

El término procede del latín *superbia*, «actitud de la persona que se tiene por bastante más de lo que es». En el *Génesis* (3, 5) se nos habla de llegar a conocer la ciencia del bien y del mal... «y seréis como dioses».

Pero antes de seguir este análisis y de descubrir los principales síntomas que la caracterizan, debo señalar que la soberbia puede ser vivida como *pasión* o como *sentimiento*. La primera es un afecto excesivo, vehemente, ardoroso, que llega a ser tan intenso que nubla la razón, pudiendo incluso anularla e impidiendo que nos veamos con una mínima objetividad. En el segundo, todo cursa de forma más suave, la fuerza se acompasa y la cabeza aún es capaz de captar la realidad de lo que somos, aunque sólo sea en momentos estelares.

Existe una gradación entre las tres estirpes próximas a este fenómeno: *soberbia, orgullo* y *vanidad*. Entre la soberbia y el orgullo hay matices diferenciales, aunque el *ritornello* o común denominador es el mismo: el apetito desmesurado de la propia excelencia, la tendencia a demostrar superioridad, categoría, preeminencia. La *soberbia* es más intelectual y característica de una persona que, objetivamente, tiene cierta superioridad, que sobresale en alguna faceta de la vida. No obstante, la deformación de la percepción personal es excesiva y se desliza hacia la magnificencia. Sus manifestaciones son internas, privadas, aunque visibles de forma indirecta a través de sus «máscaras». El soberbio es un ser crecido constantemente. Entre sus rasgos más comunes cabe destacar: altivez, impertinencia, menosprecio que puede llegar al desprecio; desconsideración, frialdad en el trato, tendencia a humillar... Su grado de egocentrismo y engolamiento resulta provocativo.

El *orgullo* es más emocional, ya que puede incluso referirse a algo valioso que uno ha hecho, como un trabajo o un esfuerzo. Este reconocimiento resulta negativo cuando es excesivo. Sus síntomas son más visibles, ya que afectan a la conducta. No es necesario recurrir a una operación psicológica de introspección o análisis. El orgulloso se encuentra en un escalón inferior al soberbio, de ahí que sea más soportable.

Tanto la soberbia como el orgullo provocan rechazo. En psiquiatría se habla de un trastorno concreto de la personalidad: el narcisismo. Como su nombre indica, se parece a la flor que nace en las orillas de los estanques, que crece inclinada hacia el agua que le sirve de espejo y se mira constantemente en ella.

Las pasiones no son negativas o perjudiciales de entrada, ya que suponen un reto para la conducta, pero han de controlarse con la ayuda de la voluntad y la inteligencia, como decían Platón y Aristóteles. Un hombre sin pasiones no es hombre; lo importante es luchar por domarlas, por encauzarlas y orientarlas hacia lo mejor. En la mitología griega, Zeus enloquecía a aquellos a quienes quería perder: la soberbia es la locura de la percepción deformada de la excelencia personal.

En la *Divina comedia* (canto XIV), cuando Dante y Virgilio se encuentran entre el segundo y el tercer círculo del infierno, leemos lo siguiente: «Oh Capaneo, en cuanto que tu soberbia no cede, sé por ello más castigado aún.» La soberbia emerge de las regiones profundas de la propia psicología, allí donde se hospedan el valor y el nivel que nos otorgamos. Pero hay dos maneras de valorarse a uno mismo:

1. Mediante un proceso de interiorización y un balance de lo que hemos hecho y de lo que te-

nemos pensado llevar a cabo; a esto le llamaría yo *evaluación íntima y subjetiva*.

2. Mediante la comparación con los demás, con el espejo que son los demás; a este proceso le denominaría *evaluación externa e intersubjetiva*.

En la primera situación nos topamos con la soberbia; en la segunda con la vanidad.

LA VANIDAD

La palabra *vanidad* procede del término latino *vanus*, «falto de sustancia, hueco, sin solidez». Se dice de algunos frutos de cáscara cuyo interior está seco, sin materia, desocupado. La otra etimología, *vanitas*, alude a «vana apariencia, ligereza». La vanidad es una pompa hueca elaborada sobre valores mínimos, frívolos y triviales que se mueven en el ámbito de lo insignificante. Tiene una nota básica insustancial: la exaltación de uno mismo en cosas futiles, baladíes. Se necesita constantemente la admiración ajena y el elogio de esas menudencias: belleza, elegancia, posesión de algún tipo de bienes... Es una debilidad menor comparada con la soberbia y el orgullo.

Mientras que la soberbia es concéntrica, la vanidad es excéntrica; la primera tiene su centro de gravedad dentro, en los territorios más profundos de la arqueología íntima; *la segunda es más periférica,* se instala en los aledaños de la personalidad. *La soberbia es más grave que la vanidad, ya que consiste en una cierta ceguera psicológica:* uno sólo es capaz de ver lo

124

bueno que tiene y que ha conseguido con su esfuerzo, pero incapaz de asumir o reconocer los defectos personales en su justa medida. Al mismo tiempo, no se dirige la mirada hacia los otros, para ver lo valioso del prójimo, ya que se permanece encerrado en uno mismo, en el propio mundo. La vanidad es más leve y por tanto tiene curación. En el caso de la soberbia, la patología afecta a la mente, es un error de perspectiva, no se puede captar y estimar aquello que los otros poseen; por eso sólo puede ser tratada mediante una operación quirúrgica de métodos indirectos, dado que el sujeto no tiene conciencia de dicha enfermedad.

Para simplificar el panorama hablaré de soberbia, pero incluyendo en su interior el concepto de orgullo. Creo que es posible distinguir dos formas clínicas extremas entre las cuales se abre un abanico de soberbias: la *soberbia manifiesta*, distinguible con claridad absoluta, y la *soberbia enmascarada*, la más habitual, que se da en personas inteligentes o de cierta capacidad racional.

El cuadro sintomatológico de esta *soberbia enmascarada* puede resumirse de la siguiente forma:

1. *Aire de autosuficiencia.* Actitud de bastarse a sí mismo y no necesitar a los demás. Egreimiento que hace hierático el gesto y lleva al hábito altanero.

2. *Susceptibilidad casi enfermiza.* Se desencadena ante cualquier crítica fundada en datos observables. Gran dificultad para pasar desapercibido; tendencia a hablar siempre de uno mismo, pues si no

es así decae el interés de la conversación y la participación en el diálogo con los demás; desprecio olímpico de cualquier persona cercana que sobresalga en algún aspecto y de la que se pueda escuchar alguna alabanza.

3. *Débil relación amorosa.* Cuando alguien tiene un amor desordenado por sí mismo, es difícil que se vuelque en otra persona. Necesita permanentemente el reconocimiento explícito y/o implícito de sus cualidades y logros, por lo que resulta casi imposible la convivencia: la hace insufrible, pues reclama pleitesía, sumisión, acatamiento y hasta servilismo.

4. *Falta de limitaciones.* El soberbio no percibe que existen limitaciones, por ello desconoce muchas restricciones y cortapisas que tenemos y que surgen cuando realizamos un análisis, frío y objetivo, de nuestras realidades circundantes: físicas, psicológicas, intelectuales, sociales y culturales.

La soberbia es más profunda, mientras que el orgullo y la vanidad son más superficiales. Requiere un examen sincero sobre uno mismo para no dejarse engañar por la apariencia de algunas conquistas. Una persona que se considera el centro de atención es incapaz de buscar ni poner remedio a sus defectos. Y al ser incapaz de verse desde afuera, se aleja cada vez más de las otras personas, practicando un soliloquio que le aisla y le empobrece.

El antónimo más exacto de la soberbia es la *humildad,* característica del hombre que reconoce sus defectos y es capaz de someter su razón, su voluntad y sus preferencias en bien de los demás; se interesa por los problemas y las circunstancias ajenas. La humildad es el mejor camino para la ascética personal y la espiritualidad trascendente.

EL DESCUIDO PERMANENTE Y SISTEMÁTICO DE LO PEQUEÑO

La soberbia, el orgullo, la vanidad se presentan en apariencias de forma diversa, pero en todos existe el mismo común denominador: el descuido de los detalles. El que sabe apreciarlos y se aplica a ellos, se siente en la dulce obligación de mejorarse y pulir su conducta. Generalmente, lo importante no son grandes gestas, imponerse logros enormes, sino pelear por objetivos bien delimitados, para que el fuego del amor no se apague o caigamos en la rutina conyugal, en una monotonía gradual.

Si la vida es la gran maestra, el amor es el mejor argumento. Pero de nada vale exaltarlo y divinizarlo si no existe una propuesta precisa de hacer la vida fácil al otro, día a día. Como el soldado que está en guardia, así debe ser nuestra vigilancia por afanarnos en tales sentimientos con esmero y aplicación. Debemos impedir que ese enemigo que es la uniformidad de los días sin brillo, vuelva el amor rancio. Hay que ser constantes y exigentes en esta tarea. La perseverancia robustece la relación.

El amor atento es el secreto de muchas vidas sosegadas y estables. El tesoro escondido de la felicidad conyugal se encuentra si se sabe buscar a diario al otro, olvidándose uno de sí mismo, y cuidarle discretamente. La persona poco curtida en este sentido vive cualquier cesión conyugal como una epopeya. Sin embargo, esas pequeñeces fortalecen la voluntad si uno se vence, o la debilitan si uno es incapaz de ponerse propósitos fáciles de conseguir día a día. Son los detalles los que proporcionan grandes victorias a las personas recias, sólidas, compactas, resolutivas, que conocen el valor de lo aparentemente nimio y exiguo.

VI. LOS ESPACIOS
DE LA INTELIGENCIA

¿Qué es la inteligencia?

Entre los componentes más característicos de la psicología humana —memoria, pensamiento, conciencia...— cabe destacar de forma muy especial la inteligencia y la afectividad, pues constituyen dos ejes decisivos alrededor de los cuales se configuran las principales estructuras psicológicas. Por ejemplo, cuando investigamos o indagamos en la personalidad de alguien, lo que hacemos es situarlo en una de estas dos categorías y observamos la línea que le define más.

La afectividad es la capacidad de ser afectados por las circunstancias externas. Se trata de un cambio que tiene lugar en nuestro interior y que se manifiesta a través de cuatro formas esenciales: los sentimientos, las emociones, las pasiones y las motivaciones. Cada una de ellas se caracteriza por más rasgos, aunque todas comparten elementos comunes, lo que hace que una delimitación demasiado precisa sea artificiosa y en exceso académica.

No obstante, *la vía regia de la afectividad son*

los sentimientos, el modo habitual y frecuente de mostrarse.

Y la inteligencia, ¿en qué consiste? ¿Cómo sabemos que estamos ante una persona inteligente? En cualquier libro de psicología y psiquiatría encontramos diversas definiciones, tantas como perspectivas desde las que se analice el tema. Por eso, y lo veremos más adelante, hay que establecer una clasificación de inteligencias según las distintas habilidades.

La inteligencia es la *capacidad* mediante la cual un conjunto de estímulos diversos, juntos, dan lugar a una conducta positiva que se adapta a la realidad y beneficia a ese individuo como animal único y social. Hay en esta primera aproximación dos ideas básicas:

1. capacidad para aprender con la experiencia;
2. comportamiento adecuado a la realidad.

Pero hay que señalar que el concepto de inteligencia tiene unos perfiles borrosos, contrariamente a lo que se pueda pensar a primera vista. La historia de la psicología de la inteligencia es muy interesante. Spearman a principios de siglo diseñó dos modelos de inteligencia: uno, *monárquico,* centrado en un «factor G» de inteligencia global como capacidad heredada; el otro, *oligárquico,* compuesto por diversos «factores S» o habilidades específicas. Esta teoría doble se define en función de la facilidad para establecer relaciones simples y complejas. Poco

130

antes Stern había definido el concepto de *cociente intelectual,* que se consigue dividiendo la edad mental por la edad cronológica, multiplicando su resultado por cien. Para este autor, la inteligencia es la capacidad para resolver los problemas de la vida de forma adecuada, productiva e independiente. Los nombres de Binet-Simon y Terman-Merrill constituyen ya parte de la historia, con dos tests clásicos de mucha influencia.

Tras las explicaciones anteriores cabe señalar que una persona es inteligente cuando:

1. Es capaz de tener una correcta percepción de la experiencia.
2. Sabe captar las relaciones que el hombre establece con el entorno.
3. Tiene visión de futuro.

En 1938 otro investigador, Thurstone, que trabajó como ingeniero y más tarde se hizo psicólogo, se interesó mucho por las diferencias particulares de unos individuos a otros. Rechazó la tesis de un factor general y aisló *siete habilidades mentales esenciales*: comprensión verbal, fluidez para hablar, habilidad numérica, capacidad de visualización espacial, memoria, razonamiento y rapidez de percepción. Más tarde, en 1959, Guilford aplicó el análisis factorial de tipo matemático a un modelo tridimensional de estructura cúbica: la *forma* de pensar, el *contenido* de lo pensado y el *producto* o resultado de los dos anteriores. Este análisis contempla cerca de ciento cincuenta factores de inteligencia, con influencia recíproca.

Cattell y Horn distinguieron en 1967 dos clases de inteligencia:

1. *Inteligencia fluida*: facilita la capacidad para descubrir las relaciones entre conceptos, razones, argumentos y temas abstractos.

2. *Inteligencia cristalizada*: facilita la capacidad para utilizar un conjunto de informaciones ricas y complejas —en el que se incluyen la educación y la cultura— que nos permite entender el mundo en el que habitamos, emitir juicios correctos y resolver problemas.

Pero la perspectiva más moderna procede del americano Robert Sternberg, de la Universidad de Yale, cuyo trabajo de investigación se centra en el *modelo del ordenador*, es decir, la inteligencia descansa en el arte de saber procesar de forma adecuada la información que llega a través de los distintos estímulos, codificarla, almacenarla y lograr la mejor resultante posible. En otras palabras, la inteligencia es la capacidad de acumular y elaborar la información recibida, así como de dar respuestas eficaces y positivas para que la conducta sea la mejor posible. Según esta *teoría de la elaboración de la información*, también denominada *cognitiva*, el análisis es una operación psicológica que se lleva a cabo mediante representaciones mentales capaces de seleccionar e integrar todo el material acumulado y facilitar los procesos de razonamiento.

La inteligencia se caracteriza, pues, por la capacidad de síntesis, por saber distinguir lo accesorio de lo fundamental y por tener facilidad para resolver cualquier problema que se presente de improviso. En definitiva, es la comprensión lógica que capta la riqueza y la diversidad de elementos que se conjugan en la realidad; *que penetra en ella* y entiende su complejidad. Es la facultad personal para aprender de la experiencia y la habilidad para sacar lo mejor de uno mismo, sabiendo adaptarse a las circunstancias; la capacidad de comprender el *texto* y el *contexto* que nos rodea.

La inteligencia es *un conocimiento poseído*: el mecanismo por el cual una serie compleja de estímulos se agrupan y dan lugar a una unidad de comportamiento.

Todas estas perspectivas constituyen distintas fórmulas para describir un fenómeno esencial que define al hombre y lo distingue del resto de animales. Evidencian que el tema tiene cabos sueltos, así como muchas dificultades, vertientes y laderas.

La inteligencia es la capacidad mental de una persona para adquirir conocimientos nuevos y tener una actuación global de acuerdo con el medio ambiente. De aquí se desprenden dos teorías: la *hereditaria,* que afirma que la inteligencia tiene un fuerte condicionamiento genético, y la *ambientalista,* que defiende que lo más importante es el entorno en el que la persona se desarrolla. Nosotros buscamos un punto intermedio, que conjuga ambas visiones: lo innato y lo adquirido.

Entre los muchos tipos de inteligencia cabe destacar las siguientes:

1. *Inteligencia teórica.* Es la capacidad para actuar en el ámbito abstracto, conjugar conceptos e introducirse en el mundo arduo de las ideas, los juicios y los raciocinios. Este juego de palancas opera con los matices de los hechos y busca el rigor del pensamiento, la comprensión profunda de aquello que observa. Es el modelo que aplica *el intelectual.*

2. *Inteligencia práctica.* Es la facultad para resolver problemas y dificultades de orden operativo. Se mueve por esquemas de conducta y tiene una eficiencia directa, que casi se activa como un acto reflejo. Es el modelo del *hombre de acción.* A diferencia de la teórica, con capacidad de penetración y equidad de juicio, la práctica es más imaginativa y extensa, pero también más superficial.

3. *Inteligencia social.* Es la capacidad para actuar en el terreno de las relaciones interpersonales, la que facilita el contacto humano. Estamos ante el modelo de inteligencia de un *relaciones públicas.*

4. *Inteligencia espontánea y provocada.* La primera es aquella que se despliega sin ser necesario ningún estímulo exterior; se manifiesta como un juego de habilidades y aptitudes que están dispuestas para funcionar. La segunda ofrece su mejor rendimiento cuando alguna presión externa le sirve de acicate y aliento. Ambas definen a las personas con valía para un debate televisivo o para ser *buenos parlamentarios.*

5. *Inteligencia analítica y sintética.* La primera trata de escudriñar los problemas, pero separando, distinguiendo, puntualizando todos los aspectos que éstos presentan. La segunda consigue resumir las características que se encuentran en un fenómeno, hecho, situación o persona. Este espíritu sumario, reduccionista y esquemático, facilita el trabajo aplicando el triple sistema de tesis, antítesis y síntesis.

6. *Inteligencia analógica y metódica.* La primera es aquella capaz de recurrir a la imagen metafórica mediante la similitud, la equivalencia y el parecido. Es el modelo de inteligencia del escritor. La segunda, utilizada por el investigador, sigue los cánones del método hipotético-deductivo que rige en el pensamiento lógico-reaccional: inducción → deducción → verificación de la hipótesis de trabajo.

7. *Inteligencia discursiva.* Es la capacidad de expresarse en un lenguaje suficiente, bien trazado y con recursos adecuados para bucear en las ideas y transmitir conceptos de manera rica. Todos hemos conocido a alguien que escribe con soltura y que por contra no sabe hablar en público.

8. *Inteligencia matemática.* Es la que nos otorga la facultad para captar el mundo y relatarlo en un lenguaje cuantitativo. Hoy la ciencia tiene en la estadística un apoyo esencial.

9. *Inteligencia emocional.* En el libro de Goleman, al que ya nos hemos referido, se afirma que aquellos con una inteligencia emocional desarrollada son capaces de expresar sentimientos, conocerlos, saber sus vericuetos, para qué sirven, cómo se

mejoran y cómo se puede mantener una relación afectiva estable y duradera. Desde mi punto de vista, como ya he comentado, en las últimas décadas se ha producido en Occidente un verdadero analfabetismo sentimental, es decir, existe un desconocimiento casi completo de la afectividad, con las consecuencias que ello tiene.

10.   *Inteligencia instrumental.* Es la menos frecuente en la actualidad. Se sirve de unas herramientas que capacitan a la persona para conseguir más, para superarse en cualquier campo: si éstas se cuidan, hay grandes progresos; si se descuidan, se produce un descenso gradual en todos los aspectos, que suele conducir a situaciones grotescas, sobre todo cuando el buen coeficiente intelectual se desaprovecha por la ausencia de estos ingredientes.

¿Cuáles son estas herramientas? Yo destacaría especialmente cinco: *orden, constancia, voluntad, motivación y alegría por el esfuerzo de mejorarse.* Cabe plantearlo de forma más rotunda: una persona con orden, constancia y voluntad llega en la vida más lejos que una persona inteligente; consigue que sus sueños se hagan realidad, y se asoma al umbral de la vida con otro talante y, por supuesto, con otros resultados.

Desde el punto de vista etimológico, *inteligencia* es una palabra que procede del latín *intus legere,* «leer dentro»; también de *intellegens, -entis,* «el que entiende». Cuando hay buena cabeza, la persona selecciona, anticipa, prevé, es capaz de asociar ideas y conocimientos diversos, pero, sobre todo, ofrece la mejor conducta posible que extrae de su arsenal privado, de sus archivos secretos acumulados.

Si el gran maestro es el tiempo, la mejor profesora es la experiencia. Es preciso aplicar la inteligencia en la vida, la sabiduría para sacarle el máximo partido y llevarla a la práctica con creatividad y libertad.

Inteligencia significa capacidad para captar la realidad en su complejidad y conexiones, para ir al fondo de los hechos y las cuestiones. Aprehensión de la diversidad en la unidad.

EL APRENDIZAJE COMO PUENTE HACIA UNA MEJOR INTELIGENCIA

Existen dos tipos de aprendizaje: por *imitación* y por *contraste*. Unos siguen lo mejor que ven, otros hacen lo contrario de lo que observan. En el amor, el aprendizaje se basará, por lo general, en ejercicios breves y repetidos de rectificación, avance y progreso en la comunicación de la pareja. No suelen tratarse aspectos extraordinarios, sino cuestiones de escaso valor por las que, si no se lucha, se distorsionará la comunicación y todo funcionará de forma negativa. Lo que al principio pueden ser desavenencias insignificantes, al repetirse pueden desencadenar situaciones conflictivas en la vida matrimonial.

Las discusiones que suelen originarse, por insignificantes que parezcan, activan mecanismos agresivos: descontrol verbal, lista de agravios... que pueden arrasarlo todo con su fuerza. Tener una voluntad bien preparada para luchar por las cosas pequeñas es algo que se consigue con el entrenamiento adecuado a lo largo de semanas, meses e incluso años.

La persona que lucha, utiliza la voluntad en estas lides y aplica la metodología correcta, vivirá contenta, aunque pierda algunas batallas. El tiempo la hará fuerte y animosa. Sabrá afrontar los conflictos, riesgos y tropiezos de la convivencia; conocerá sus complicaciones y no se desalentará cuando arrecien los problemas; superará los obstáculos y los contratiempos cuando pongan en peligro su estabilidad. *La repetición de pequeños actos de esfuerzo prepara para la lucha deportiva.*

Los dos apoyos básicos de cualquier aprendizaje, la inteligencia y la voluntad, no tienen buena prensa hoy, pero son definitivos para conseguir un amor maduro. La inmadurez afectiva vive el amor como si fuera viento, que va y viene, que no se puede contener ni controlar. Eso es falso, pues el amor hay que ganárselo en una pelea constante y positiva que aspira a una posición estable y armónica.

Es evidente que aprendemos mejor por imitación de modelos positivos. Ver ejemplos claros, diáfanos, de parejas consolidadas es la mejor lección. Además, la capacidad de amar se va aprendiendo de aquí y de allá: escogiendo, captando, participando.

Los psiquiatras somos médicos que interiorizamos las superficies psicológicas. Entramos en los pasadizos internos buscando la respuesta a la conducta. La consulta es un observatorio desde donde se analiza la vida ajena con minuciosidad, donde el médico constata la diversidad de comportamientos sanos y enfermos. Por eso, la experiencia es esencial. *La vida enseña más que muchos libros.*

A continuación expondré una historia clínica extraída de mi consultorio privado que puede ser didáctica de todo lo expuesto en este capítulo.

Matrimonio de nivel socioeconómico medio alto, con cuatro hijos, formado por un hombre de 59 años y una mujer de 51. Nos dice el marido: «Yo siempre he sido un luchador nato en mi trabajo. Ahora vuelvo la mirada atrás y veo con asombro lo que he hecho profesionalmente en los últimos veinte años. Pero en mi vida matrimonial, tantas veces amenazada, ha habido siempre situaciones y momentos muy malos. No veo otra salida que separarme.»

Y continúa:

«Mi mujer me quiere controlar permanentemente. No tiene habilidad conmigo. Se queja de que no le hago caso y que no me ocupo de ella. Y yo no tengo conciencia de eso. Hemos venido a su consulta porque ella me lo ha pedido... aunque la verdad es que yo creo poco en los psiquiatras.»

Nos dice la mujer: «Mi marido está todo el día trabajando y me hace poco caso. Hay momentos en los que pienso que no estoy casada con él, pues compartimos muy pocas cosas. Yo me rebelo de vez en cuando, necesito desahogarme y decirle lo que pienso... Él se cree que con el dinero que me da todo se resuelve, pero está muy equivocado. Me siento una mujer insatisfecha. He pensado varias veces en separarme, pero en serio. Y ha llegado el momento de arreglarlo o tomar la decisión.»

En un primer momento, tras realizar la historia clínica por separado, a solas con cada uno, el equipo terapéutico les pide un *rastreo psicológico*: una serie de peticiones sobre lo que falta y lo que sobra en la conducta del cónyuge para conseguir una mejor armonía conyugal. Con frecuencia este listado de observaciones psicológicas es demasiado vago y abstracto como para trabajar con él y se hace necesario repetirlo, buscando un lenguaje más conciso y operativo.

Tras estas dos etapas, iniciamos un *behaviour schedule*, un *programa de conducta* basado en el refuerzo de la conducta positiva de forma recíproca. Se trata de una terapia cognitivo-conductista, en la que se establecen con claridad los *objetivos psicológicos,* así como su *vertiente instrumental* (cómo se ha de ir progresando en esa dirección). Previamente, habíamos analizado con cada uno de ellos el punto en el que se encontraban, así como los riesgos verdaderos de su actual momento conyugal. Sin dramatizar, pero con claridad.

A continuación sistematizo de forma muy resumida las *peticiones* de ella y de él:

Relación de peticiones de ella

- Que trabaje menos, así es muy difícil que esto funcione, pues casi no le veo.
- Que exista más diálogo entre nosotros. Sólo hablamos cuando hay algún problema de los hijos, de sus estudios o de las personas con las que salen.
- Que tenga detalles conmigo: preguntarme por mis cosas, interesarse por lo que he hecho, dónde he ido, con quién he estado.

- Que alguna vez me llame por teléfono desde su trabajo...
- Que no se queje de lo ocupado que está.
- En el campo de las relaciones sexuales, en el que siempre nos hemos entendido bastante mal, quiero que me prepare, con ternura, y que después, cuando hayamos terminado, no me deje de lado como una cosa que se utiliza y luego se desecha.
- Que no quiera tener siempre la razón.
- Que no me repita todo lo que él sabe y la experiencia que tiene, lo que ha estudiado...
- Que me pida perdón o disculpas cuando ha hecho algo mal o me ha ofendido.

Relación de peticiones de él

- Que no me saque tantas veces las cosas negativas del pasado, la lista de agravios.
- Que no me esté pidiendo dinero siempre.
- Que no me corrija ni se ponga a discutir delante de mis hijos.
- Que no quiera batallas una y otra vez sobre cualquier tema.
- Que tenga tacto conmigo, que sea más diplomática.
- Que para tener relaciones íntimas no tengan que darse unas condiciones excepcionales.
- Que no me diga que yo la utilizo sexualmente.
- Que no nos compare con otros matrimonios más o menos parecidos a nosotros: si salen más, si viajan...

— Que no me critique mi actitud, lo que dije o comenté, cuando venimos de una cena con amigos o conocidos; que no me analice al milímetro.

Tras las dos primeras sesiones de pareja se diseñaron ambos *programas de refuerzo*. Se insistió mucho en la importancia de la *motivación* para alcanzar puntos de acuerdo, limar asperezas, pedir perdón y, por supuesto, centrarse en los puntos de trabajo concretos de la psicoterapia. A la quinta sesión ya observamos una notable mejoría. Entonces, a la mujer se le hicieron algunas indicaciones para que su deseo de *aprender a remontar el típico día o momento malo pudiera convertirse en realidad*. El *lenguaje cognitivo* [1] ayudó en la aplicación. El marido puso en práctica el denominado *día rosa* [2], lo que potenció en su mujer la ilusión de seguir esforzándose en mejorar, de acuerdo con los esquemas señalados.

En este tipo de casos es importante que el psiquiatra sepa neutralizar las quejas de unos y otros, valorándolas de forma fría y objetiva, haciendo ver lo habituales que son las *deformaciones de la reali-*

---

[1] Se trata de una especie de mensaje o diálogo interior, que ha de repetirse sin ruido de palabras, mentalmente, para cambiar esas emociones negativas por otras neutras o incluso positivas. Un lenguaje *corrector* que tiene como paradigma el *modelo del ordenador*.

[2] Véase mi libro *Remedios para el desamor, op. cit.,* pp. 216 y ss. El objetivo del *día rosa* es optimizar la relación, de manera que uno de los cónyuges hace todo lo posible por agradar a la otra persona. Previamente hay que elaborar un *listado de cosas que uno quiere recibir ese día*. La función del psiquiatra es aquí decisiva.

dad. Igualmente, debe fomentar que los relatos de los acontecimientos sean claros, desapasionados, intentando los sujetos verse a sí mismos «desde el patio de butacas».

A continuación expondré otro caso muy representativo:

Se trata de una pareja que lleva doce años casada y tiene tres hijos. Son universitarios y su posición socioeconómica es alta. Él es el típico número uno: muy ordenado y sistemático; gran trabajador. Ella es abierta, comunicativa, sociable, exitosa con los chicos. Se llevan siete años de diferencia.

La convivencia ha pasado rachas difíciles y ha tenido altibajos. Al principio, las complicaciones surgieron por tensiones entre ambas familias políticas, lo cual se subsanó con nuestra ayuda psiquiátrica que estableció unas *pautas de conducta específicas*. Hoy es un asunto olvidado.

Pero desde hace un par de años se han hecho frecuentes las fuertes discusiones, los días enteros sin hablarse, las quejas recíprocas, las malas interpretaciones de los pequeños fallos, los celos (totalmente infundados) por parte de ella...

En este caso clínico pondré de relieve los objetivos de cada uno, en vez de la lista de correcciones que se les pide o sugiere.

Programa de conducta que recibe ella

Sólo señalo a modo indicativo el índice del repertorio de objetivos psicológicos a conseguir, prescindiendo de la parte instrumental, todo en primera persona:

Esforzarme por transmitirle serenidad a mi marido: no agobiarlo, no comentarle en el peor momento los problemas, las dificultades o los temas difíciles.

Unificar criterios prácticos para la educación de los hijos: hora de llegada, posibles castigos, tema de estudios... No ser tan suave con ellos: permitirlo todo no es educar.

Luchar por no sacar la lista de agravios. Cueste lo que cueste tengo que poner de mi parte si quiero que nuestra relación mejore.

Respetarle tanto con las palabras como en los gestos: debo ser menos impulsiva, por un lado, y cuidar las caras largas, los gestos despreciativos, por otro.

No iniciar discusiones por temas triviales, sabiendo que de ahí se pueden originar situaciones de alta tensión. Debo corregir mi fondo polemista.

Compartir más cosas. Proponer salidas, sugerir con antelación planes interesantes para el fin de semana, concretar.

Ser menos susceptible respecto a lo que hace o dice mi marido. A veces me tomo de forma exagerada, dramática, sus pequeños atranques, sus frases o sus descuidos.

Elogiarlo con alguna frecuencia en público, de forma moderada y por algo concreto y positivo, y también en privado. Que note que sé valorarlo.

Saber que un tema analizado es una cuestión zanjada. No tengo que volver una y otra vez sobre lo mismo. Aprender a pasar la página.

Facilitar con más frecuencia las relaciones íntimas. No puedo estar siempre poniendo dificultades de distinta índole a la hora de estar juntos.

No estar regañando siempre a nuestra hija más pequeña (la relación no es buena desde hace tiempo). Voy a procurar decirle el menor número de cosas posibles, acercarme a ella con una actitud más positiva, intentando recuperar el terreno perdido.

Programa de conducta que recibe él

Ser más generoso en todo lo referente al tema del dinero, evitando decirle que es muy derrochadora. En todo caso, hacer un inventario de gastos, para ver cómo va la administración de la casa.

Fomentar el diálogo entre nosotros. Comentar temas de actualidad, cuestiones diarias... y evitar pertrecharme detrás de los periódicos sin decir nada.

Tener más estabilidad emocional. A veces paso de estar bien a ponerme muy irritable y nervioso por alguna contrariedad; incluso a quedarme callado horas o días. Aprender a filtrar mejor los estímulos externos e internos.

Ser menos extremista con los hijos: no aplicar la llamada *ley del todo o nada.*

Dedicarles más tiempo a los hijos, contabilizando horas concretas a la semana. Ganarme su amistad y ponerme a su altura.

Aprender a decir que no con más frecuencia en cuestiones profesionales. Estoy muy ocupado y a veces da la impresión de que quiero sobrecargarme con más cosas. Tengo que rectificar si no quiero que mi trabajo me absorba totalmente.

Ser más detallista con mi mujer, que pueda ver que estoy pendiente de ella, a pesar de mis ocupaciones.

Salir a cenar solos o al cine; hacer con frecuencia «parones» de este tipo, previstos unas veces y otras sin avisar.

La mejoría de esta pareja, dos personas capaces y con mucha voluntad, fue notable. En ocho semanas se pudo observar una situación muy distinta. La lectura de unos cuantos libros sobre psicología conyugal facilitó las cosas.

En conclusión, podemos afirmar que *el psiquiatra es un artesano de la conducta,* pues lleva a cabo una labor muy minuciosa; pone en marcha una *ingeniería capaz de deshacer conflictos y tensiones,* proponiendo normas de conducta más sanas y maduras. *La convivencia es un buen campo de maniobras para la práctica de la voluntad:* ofrece muchas ocasiones, en apariencia insignificantes, para entrenarla, para adquirir hábitos positivos que definan la personalidad y corrijan los defectos del carácter. Las raíces de una buena empatía también se adquieren y fomentan habilidades psicológicas para hacer frente a las situaciones de la vida. Ésta debe ser cuidada desde la infancia, ya que los aprendizajes tempranos dejan una huella imborrable y dan lugar a la plataforma de la conducta.

VII. LA COMUNICACIÓN

LOS TRES ELEMENTOS: EMISOR, MENSAJE Y RECEPTOR

La comunicación en la pareja es el acto del diálogo, la comprensión y el amor. Se aprende, no es innato. Requiere una capacidad para fijarse, tomar nota e ir rectificando los modos y estilos de entenderse. Las parejas estables comparten signos de identidad propios, códigos privados, miradas de complicidad, gestos personales que tienen una lectura *sui generis*... Todo ello constituye una forma positiva y particular de contacto: en una palabra, una forma de comunicación en la que destacan tres áreas especialmente importantes: *verbal, no verbal* y *sexual,* que forman un *continuum* gracias al cual dos personas se conectan, hablan, callan, se escuchan, transmiten, se expanden, contagian, muestran afinidad y discrepan; o sea, expresan con sus gestos lo que piensan y sienten.

Existen tres elementos sin los cuales no es posible el acto de la comunicación con los demás: *emisor, mensaje y receptor*. El *emisor* habla con la intención de enviar un *mensaje* a un sujeto que hace de

147

receptor. Conseguir un diálogo fluido entre ambos requiere buena salud mental, naturalidad y deseo de rectificar y aprender de la experiencia para ir consiguiendo que se acople la pareja.

Hay una premisa sobre la que me gustaría hacer un breve inciso: la sinceridad absoluta y total con el otro es una utopía e, incluso, es negativa, ya que cada ser humano necesita tener su parcela privada, íntima, una especie de cajón con llave que nunca se abre. ¿Por qué? Desde mi punto de vista, por varias razones. Por una parte, *los hechos familiares, personales y/o profesionales cuyo conocimiento no aporta nada al otro* pueden representar una sacudida punzante. Por otra parte, *hay que proteger al otro de todo aquello excesivamente anecdótico y efímero.* ¡Cuántas ideas, pensamientos, recuerdos, ocurrencias y sentimientos encontrados desfilan por la cabeza sin que debamos exponerlos de forma contundente! No hay que olvidar, además, que en personas inestables, que padecen cambios bruscos en su estado anímico, pueden llegar a producirse ciertas *distorsiones cognitivas* [1] o deformaciones en

---

[1] Son juicios de valor tergiversados que exageran de manera negativa los hechos, ignorando los positivos y convirtiendo los neutros en negativos. Es preciso realizar una tarea de barrido allí donde predomina el pesimismo, mezcla de insuficiencia y desilusión. Sobre el pasado, presente y futuro planea ese ojo crítico, que pretende arrasarlo todo. Y ello se recrudece en las discusiones de alta tensión.

Sugiero las siguientes lecturas complementarias: Aaron T. Beck, *Con el amor no basta,* Paidós, Barcelona, 1990, y Miguel Costa y Carmen Serrat, *Terapia de parejas,* Alianza Editorial, Madrid, 1988. El primer libro es más descriptivo y el segundo más operativo. Ambos navegan en aguas cognitivo-conductuales.

Hay un libro práctico, claro y bien estructurado que ofrece una

el modo de recibir los mensajes, y ello falsear su percepción de la realidad.

Es preciso añadir que, si bien algunos piensan que en los enfados, las tensiones o las discusiones graves es cuando sale la verdad de lo que uno lleva dentro, esto es un error, pues sucede precisamente al contrario: en tales circunstancias aflora lo más elemental y primario que hay en nosotros, una mezcla de pasión, poca racionalidad y medias verdades mal definidas. Es más, las expresiones fuertes, descalificadoras, duras y malintencionadas son más desahogo que comunicación auténtica. No buscan el encuentro, sino ganar la partida al otro tras una batalla campal en la que cada frase funciona como arma arrojadiza. En esos casos constituye un gran acierto callar, cuidando el lenguaje no verbal para que éste no traicione ese silencio maduro y sensato.

Las personas con un problema serio de *incontinencia verbal* ven como una necesidad, una especie de liberación, decir improperios al otro y rebuscar en su pasado lo que más puede doler, la herida más sutil y cáustica. Ocurre que algunas no se olvidan ni

---

buena fuente donde beber: M. H. Feliú y A. Güell, *Relación de parejas,* Martínez Roca, Barcelona, 1996.

Otro libro interesante es el de Antonio Vázquez, *Matrimonio para un tiempo nuevo,* Ed. Palabra, Madrid, 1990, en el cual se ofrecen pautas claras y realistas sobre lo que es la convivencia día a día. Creer que el amor conyugal puede mantenerse estable sin esfuerzos continuados, deportivos e inteligentes es un evidente signo de inmadurez afectiva. Deberíamos vivir de tal manera nuestra vida matrimonial, que cuando nuestros hijos pensaran en un modelo de coherencia e integridad se acordaran de sus padres. El buen amor se cocina en casa, en un clima cálido en el que se cuida lo pequeño.

con el paso de los años y abren una grieta muy difícil de cerrar.

Pero recordemos: *no hay que confundir ser sincero con ser demasiado directo, claro y contundente.* Asimismo, en la vida conyugal hay que cuidar las formas al decir las cosas. Es entonces cuando interviene la *discreción*: saber hablar y silenciar, decir y sortear, dar el mensaje correcto, pero con psicología, con tacto para no herir.

El lenguaje verbal

El lenguaje verbal es el más rico, el medio para introducirnos en la intimidad ajena y bucear en ella. Sin esta comunicación la vida conyugal no funciona. Y para que ésta sea satisfactoria, se requieren unas habilidades que se irán puliendo con el paso del tiempo, evitando quedar uno por encima del otro.

La mejor base para el diálogo es el entendimiento en las grandes cuestiones que regentan la vida en común y, por supuesto, el empeño esforzado por mejorar y adecuarse a los engranajes de la convivencia.

Para lograrlo hay que considerar algunas ideas básicas:

1. *Tener la misma forma de concebir la relación.* Es preciso respirar el mismo aire, aunque con las diferencias lógicas y bien entendidas que debe haber entre dos personas. Quiere esto decir que, a

partir de unos acuerdos implícitos, se desarrolla el diálogo y la discrepancia.

2. *Saber escuchar.* Es algo primordial que cuenta con unos signos concretos: la mirada atenta, los pequeños gestos de la cabeza, la atención puesta en el discurso...

3. *No interrumpir al otro.* También es éste un buen gesto, sobre todo cuando uno ha oído algo con lo que no está de acuerdo o lo percibe como una exageración o un dato fuera de contexto. En las parejas con problemas graves, esto se hace especialmente ostensible, hasta el punto de que llegan a hablar los dos al mismo tiempo. No sólo se quitan la palabra, sino que ésta se torna muro de contención frente al otro. En esos momentos puede ser útil hacer el ejercicio de templar la personalidad, dominarse, y entonces la propia argumentación ganará puntos.

4. *Tomar nota y aprender de lo que se oye.* Puede ser conveniente —si al otro no le parece mal— tomar alguna nota sobre lo que está oyendo, para rebatir, comentar o rechazar alguna afirmación específica. Pero hay que huir de entender las cosas al pie de la letra, lo que puede traer serios problemas, dado que se hace necesario que el otro cuide siempre lo que dice; tanto que se produce un encorsetamiento contrario a la naturalidad del emisor.

5. *No utilizar expresiones irreconciliables y radicales.* Es también un asunto importante el evitar frases del tipo: «Que sea la última vez que te oigo decir...», «Nada de lo que digo te parece bien», «Tú

siempre tienes que llevar razón en todo», «No vuelvas a llamarme...», «Contigo es imposible hablar». Con tales *generalizaciones* —es decir, el extraer de un hecho concreto una premisa válida para siempre— el mundo se convierte en una *dicotomía*: blanco o negro, bueno o malo, amor u odio... Se trata de un *lenguaje maniqueo* en el que están ausentes los matices por un apasionamiento desbordante y sin rumbo.

6. *Saber hacer preguntas al hilo de la conversación, cuidando el tono de voz y los gestos.* Pueden ser aclaratorios los añadidos que hacen comprender mejor aquello de lo que se trata. Por eso, el tacto, la diplomacia, la mano izquierda y la finura en el trato son imprescindibles para que el clima que se respire sea el correcto. [2]

Las dos fórmulas más habituales de la comunicación verbal son el *diálogo* y la *discusión*. El primero consiste en una conversación en la que cada uno expone sus ideas, estableciéndose una buena concordia entre el hablar y el escuchar. Charlar de algo de forma tranquila, disfrutando y saboreando los mensajes que se transmiten en una especie de ósmosis recíproca, es uno de los mejores indicadores de que una pareja funciona bien. El sentido del hu-

---

[2] Los psiquiatras sabemos que los sentimientos se contagian. En la familia en la que uno de los padres o de las personas con más autoridad psicológica es tranquilo y ecuánime, transmite ese estado anímico sereno al resto y éste hace una labor a *sotto voce* relajante, muchas veces sin ser consciente de ello. El amor inteligente usa las mejores armas a su alcance para entenderse con el otro. Rige el corazón vibrante, pero reside en una cabeza apacible y ordenada.

mor, uno de los mejores ingredientes que puede tejer esa conversación, consigue desdramatizar y ver siempre el ángulo divertido e irónico de tantas cosas como tiene la realidad humana.

El *monólogo*, la comunicación interna con uno mismo o dirigida al exterior sobre algún aspecto concreto, funciona en una conferencia, ante un auditorio concreto, pero no en la vida matrimonial. Suele aparecer en exceso en las personas autoritarias, despóticas, arbitrarias, que quieren imponer sus ideas a toda costa y empiezan por no dejar que los otros participen y digan lo que piensan.

La *discusión*, por su parte, es diferente al *debate*. En la primera, dos personas con puntos de vista contrarios exponen sus argumentos, pero buscando, más que la verdad, el dominio del adversario, someterlo a sus criterios. En la base de este planteamiento hay un fallo, que impide que esos flujos de conceptos puedan llegar a cierto acuerdo. En el debate, la actitud es más constructiva; cada miembro busca defender sus conceptos, pero es capaz de cambiar sus esquemas si reconoce en los argumentos de la otra parte una mayor solidez.

Una discusión apasionada no suele conducir nunca a la verdad; al contrario, cada uno se atrinchera más en su posición. En el debate, sin embargo, el fruto es más positivo y se pretende un enriquecimiento personal que aumenta el conocimiento del tema en cuestión.

La frase «no es eso lo que yo quería decir» suele ser frecuente en las discusiones conyugales, cuando todavía es posible recuperar la cordura y cierto acercamiento entre las partes. ¿Qué significa esta expresión, qué hay detrás de ella? La mayoría de las tensiones verbales son debidas a *malos entendidos* o *interpretaciones erróneas de lo que se ha dicho,* pues el ambiente está cargado de pasión y todo se valora de forma excesiva, tendiendo a interpretar lo escuchado en su aspecto más incisivo o doloroso para la otra persona.

EL ARTE DE CENTRARSE EN UN TEMA CONCRETO

Centrarse en el tema de conversación es un principio fundamental cuando existe alguna dificultad o diferencia de opinión. Hay que delimitar el asunto, tener capacidad para situarlo dentro de un esquema, evitando los dos peligros que existen si no se anda con cuidado: *traer hechos o cosas del pasado* o *sacar la lista de agravios.* En circunstancias problemáticas, la persona está al acecho, dispuesta a, si se presenta la oportunidad, exponer una serie de ofensas acumuladas, algunas de ellas no superadas.

Los matrimonios con buena comunicación saben ajustarse a lo sucedido y procuran cada uno explicar los hechos. En la terapia conyugal el psiquiatra asiste a una desconexión de acontecimientos, de forma que se produce el *efecto dominó* —una ficha se inclina y empuja a las demás—, una caída por la pendiente que tiene un efecto expansivo, cuando se sacan a colación conflictos pasados o se ponen sobre la mesa traumas biográficos. Ésta es una forma grave y errónea de concebir la comunicación.

154

Una buena solución, quizás, sea el humor. La persona generosa acepta ser ella misma el blanco de una broma, que relaja y distiende. [3] Por eso es bueno *ser práctico*, evitar fuegos de artificio que no conducen más que a desahogos inútiles y que no aportan nada a la vida en común. Por lo general, el más maduro de la pareja es el que guarda mejor la compostura, no pierde la calma y está atento a cualquier mínimo resquicio para el acuerdo. [4]

La comunicación conduce al entendimiento mutuo, pero también supone una vía de crispación cuando no funciona bien. Sus integrantes son los que responden a las siguientes preguntas: *quién, cuándo, dónde,* y los tres principales: *qué* (contenido), *cómo* (forma) y *por qué* (objetivo). Cuando el desarrollo de la comunicación es sano, todos los elementos se ajustan al mismo propósito: que se en-

---

[3] Al adentrarnos en los conflictos conyugales es habitual escuchar que los mejores ratos pasados de un matrimonio bien avenido suelen estar asociados a la risa compartida. *La risa es uno de los mejores antídotos contra el rigor de una pareja tensa, crispada y en guardia.*

[4] Decirle al otro «te comprendo», sin más, es positivo, porque *comprender es aliviar.* Al mismo tiempo, *quien gobierna su lengua es capaz de controlarse,* tiene en sus manos los resortes de su personalidad. Los daños producidos por el descontrol verbal pueden llegar a ser irreparables. En este sentido, el impulsivo tiene un reto por delante verdaderamente imponente: aprender, como decía un viejo principio oriental, que «la palabra es plata y el silencio es oro».

En muchos tratamientos de crisis conyugales el primer paso suele ser concienciar a uno de los miembros de la importancia de controlarse al hablar en momentos de tirantez. Estar contento significa *estar contenido,* dominar la propia parcela, igual que se tensan las riendas de un caballo. Es una forma de doma personal.

tienda con claridad lo que se dice, a quién se dice y cómo se dice.

Una de las primeras tareas de la psicoterapia es enseñar a atenerse al contenido recibido, ciñéndose lo más posible a ese *texto* y sabiendo valorar en su justa medida el entorno o *contexto*. Recomendamos tomar nota de hechos pasados, pero no con el fin de utilizarlos negativamente en una discusión, sino con el de sacar alguna conclusión operativa de cara a posibles situaciones similares. Esa *agenda de anotaciones* es un buen elemento de trabajo para las sesiones de terapia; transcurridos unos días, permite ver las cosas más fríamente, así como con más objetividad [5] las observaciones del psiquiatra. Sus comentarios deben favorecer una reacción menos neurótica y desproporcionada por parte del paciente, una respuesta con más equilibrio. A veces puede ser la forma acusadora de preguntar algo, o la utilización de palabras frías y cortantes, casi en tono notarial, las que invitan al otro a ponerse en guardia. Todo ello requiere ser revisado.

HACERSE ENTENDER Y CAPTAR CORRECTAMENTE LO RECIBIDO

La comunicación verbal es positiva o funciona cuando el emisor y el receptor aprecian el mismo contenido, para lo cual hay que ser claro en lo que se dice, plantea, cuestiona o pregunta. No hay que

_____

[5] La excesiva cercanía en el espacio y en el tiempo confunde, y la distancia aclara. Analizar los hechos recientes con un prisma cartesiano enfría las vivencias y las puntualiza en su justa medida.

utilizar frases difusas, etéreas o confusas, muy frecuentes en aquellas parejas que exploran al otro, que pretenden que éste adivine lo que le está pidiendo o la sugerencia que le está haciendo en ese momento. Por ejemplo, «¿Te apetece que vayamos esta noche al cine?» es una pregunta concreta, lo mismo que la respuesta: «Estoy cansado y quiero cenar pronto para acostarme.» Sin embargo, la pregunta «¿Has llamado para que arreglen el grifo que gotea desde hace dos días?» puede despertar la suspicacia y hacer pensar que, al llevar dos días así, ya debería uno haberse ocupado en arreglarlo.

En definitiva, no hay que someter al otro a un *ejercicio constante para descifrar lo que se ha querido decir,* sino decirlo directamente, pedirlo, sugerirlo, insinuarlo. Y cuando los estilos de conversación son diferentes, es menester hablarlo para que se produzca una *adaptación*: una de las herramientas más cualificadas de la relación de pareja. Se trata, pues, de hacer una propuesta concreta, aceptar la negativa siempre que tenga una explicación, dar mensajes positivos pero no alejados de la realidad. Esto es saber amoldarse, tener una docilidad elástica que evita la rigidez y los planteamientos demasiado férreos. La *flexibilidad* es un rasgo positivo de las habilidades comunicativas.

IDEAS BÁSICAS PARA UNA PAREJA EN CRISIS

En más de una ocasión, tanto en entrevistas de prensa como en cursos de psicología o psiquiatría, me han planteado la cuestión de lo que hay que hacer cuando una pareja está en crisis. Recuerdo en este sentido un seminario sobre los trastornos afectivos que di hace unos años. [6] Voy a seguir ahora el esquema que expuse en aquel momento. Las ideas básicas son:

1. Controlar la lista de agravios.
2. Evitar discusiones innecesarias.
3. Manejar los lenguajes cognitivos críticos hacia el cónyuge.

A continuación comentaré brevemente cada uno de estos puntos:

1. *Controlar la lista de agravios.* Es fundamental no sacar a la luz la colección de cosas negativas del pasado, de distinta intensidad, que no se han superado y que, en momentos difíciles, reclaman su aparición. Una persona que no ha resuelto su pasado tiene una deuda que saldar. Una persona neurótica o que padece un trastorno de la personalidad de cierta envergadura suele no haberse reconciliado con su pasado y éste sigue presente en su cotidianidad como una asignatura pendiente.

---

[6] Universidad de California (Los Angeles), 4-8 de septiembre de 1993. Una parte del curso estuvo dedicada a los *trastornos biológicos* de la afectividad, especialmente concretada en tres aspectos nosológicos: *depresión, ansiedad* y *distimia.* Otra a los *trastornos psicológicos,* entre los que abordé una crisis conyugal bien estudiada y tipificada con su geometría y los programas de conducta impartidos en la terapia.

En la psicoterapia individual el psiquiatra acompaña a la persona que tiene delante en una excursión retrospectiva, y en ese viaje ha de resolver problemas —cerrar heridas, pasar páginas, definir etapas biográficas— y mirar hacia delante con objetivos claros y mucho ánimo. Por eso hay que mantener a raya la *lista de ofensas*, borrarla poco a poco, acabar con los desaires, los daños, las faltas, los olvidos y las interpretaciones deformadas. Y en ese vacío que se crea intentar que hagan su nido sentimientos constructivos.

Varios argumentos favorecen el deseo de controlar la lista de agravios:

a. Su recuerdo intermitente es *demoledor,* arrasa con los mejores propósitos. Tiene un efecto destructivo que barre el pasado, lo trae al presente y hace difícil proyectarse pacíficamente en el futuro.

b. Su recurrencia. El hecho de enumerarla de forma minuciosa con cierta frecuencia es una de las tareas más neurotizantes que puede haber. Es trabajar contra uno mismo, dañar el propio edificio, negarse a tener visión de futuro.

2. *Evitar discusiones innecesarias.* En esta vertiente tropiezan fácilmente aquellos que no se entienden bien. Es uno de los fallos más comunes, uno de los errores más frecuentes en las habilidades de comunicación. En muchas ocasiones constituye *una conducta negativa que se dispara* ante ciertos estímulos del otro que, deformados en el proceso de

codificación íntimo [7], producen una respuesta desproporcionada, inadecuada o sin base real. El psiquiatra tiene que desvelar esto a la persona en cuestión y abrirle los ojos para que psicológicamente comprenda dónde está la equivocación inicial, pues ésta, repetida una y otra vez, conduce a un fracaso en el intercambio de impresiones.

El amor es proyecto compartido, lo que implica capacidad para soslayar y superar momentos negativos. Unas veces el cansancio, otras las dificultades reales para compenetrarse y siempre los malos entendidos son los principales gestores de las discusiones. Si no se orientan bien desde el principio, pueden llevar a auténticas batallas campales, verdadero mar de insultos, injurias y vejaciones, aderezadas de ironía y desprecio. El doble objetivo está claro: *desahogo* y *ataque.* Liberarse, aunque sea contraproducente, y menoscabar la autoestima del otro. El «ventilador del resentimiento» hace lo demás.

---

[7] Jerry Fodor publicó hace unos años un libro, inspirado en la psicología cognitiva, muy significativo de todo lo que vengo diciendo: *El lenguaje del pensamiento,* Alianza Editorial, Madrid, 1994. Es un intento de explicar cómo funciona la mente, su paralelismo con un computador. Fodor habla de los *lenguajes públicos,* los habituales para entendernos con los demás, y los *lenguajes privados* (llamados *cognitivos*), que recorren nuestros escenarios mentales y acompañan a los sentimientos, las emociones, las ideas y un sinfín de estados psicológicos.

Se origina así una especie de *vocabulario de las representaciones internas* que conviene tener presente. A esta terapia que acabo de comentar arriba la llamo yo *estrategia inmediata de acercamiento:* no dejar que el tiempo pase, sino ir a la búsqueda del otro, tendiendo cierto puente de comunicación. Cuanto más tiempo transcurra (horas o días), peor para la pareja y la situación conyugal.

En la terapia se pone de manifiesto que el más fuerte de la pareja es quien en esos momentos sabe callar, desaparecer o no estar dispuesto a combatir.

3. *Manejar los lenguajes cognitivos críticos hacia el cónyuge.* Los lenguajes subliminales críticos, ya mencionados, son monólogos, diálogos interiores, por donde discurren los reproches hacia el otro, los recuerdos dolorosos y los hechos ofensivos. Lo único que logran es albergar sentimientos nefastos, caldo de cultivo de la agresividad.

Hay que saber corregir esto; de lo contrario, la vida conyugal es pasto de las llamas. ¿Qué es lo mejor en tales casos? Hablar enseguida con la otra persona, mostrando la mejor disposición y pidiendo disculpas, si uno piensa mínimamente que algo de culpa ha tenido. En este caso es fatal esperar. La *actitud inteligente* es salir de uno mismo e ir al encuentro del otro, abrirle los brazos e intercalar una broma o algo divertido que rompa el hielo del momento. [8]

FOMENTAR LO POSITIVO

Fomentar o potenciar lo positivo es otra de las caras del problema. Para poner los medios adecua-

---

[8] Se produce una cascada de frases interiores, en silencio, que atemperan el clima psicológico interior. Sentencias cortas, sencillas, que uno se va diciendo a sí mismo, como saboreándolas, deletreándolas, y que en esos momentos pueden ser una buena ayuda. Por ejemplo: «Tranquilo, que no pasa nada», «No pierdas la calma», «Ésta es una tormenta de verano que pasará», «El hombre inteligen-

dos e intentar arreglar una situación conyugal complicada, no sólo hay que esquivar algunas conductas concretas, sino impulsar otras constructivas que sirvan de puente para conseguir poco a poco un acercamiento. Entre ellas, quiero referirme a tres: *poner buena cara* (una faceta más del lenguaje no verbal), *utilizar palabras amables* y, por último, *compartir más cosas juntos*, pero acompañados de amigos o personas de mucha confianza.

1. *Poner buena cara.* La cara es el espejo del alma; en ella se reflejan los paisajes del alma, es decir, lo que hay dentro y lo que está sucediendo en nuestra intimidad. Todo el cuerpo depende de la cara, por eso ésta es programática, anuncia la vida como proyecto. Por ejemplo, si miramos una foto muchas veces y durante bastante tiempo, vamos descubriendo en las facciones aspectos y matices que ponen de manifiesto diversos rasgos de esa persona. Estar en silencio no significa que uno no se esté comunicando. El lenguaje no verbal, que tiene gran relevancia en lo que a la comunicación de la pareja se refiere, es un lenguaje, pero mudo. Es como cuando le quitamos el volumen a la televisión y observamos sólo los movimientos, o cuando vemos una película antigua de cine mudo. Pero debemos enfatizar que *el lenguaje no verbal es tan importante como el verbal.* Las personas con escasos recursos psicológicos descuidan sistemáticamente

---

te sabe distinguir lo importante de lo anecdótico», «La vida conyugal tiene estas cosas, no es para tanto». El psiquiatra debe encargarse de reforzar estas estrategias.

este aspecto, lo que a largo plazo causará problemas en la convivencia conyugal.

El cuerpo en su totalidad tiene su propio mensaje expresivo: desde la forma de andar a los gestos. Pero la cara y las manos son las partes protagonistas. La primera tiene luz propia: los ojos, la mirada, los guiños, los gestos faciales, la boca, la sonrisa, la voz y su tono... La cara es como un semáforo de señales que manifiestan el estado de la afectividad; es el mejor transmisor de emociones que existe. Ekman, uno de los investigadores que más ha trabajado este aspecto, cuyos primeros estudios se remontan a 1953, trató de analizar y evaluar todo tipo de movimientos corporales, especialmente los del rostro. Wallace Friesen estudió empíricamente cómo la gran mayoría de las personas puede fingir expresiones alegres, tristes, enojadas, de miedo... Es decir, el hombre tiene capacidad para controlar su rostro y mostrar en él el mensaje concreto que quiere ofrecer en un momento determinado.

En los programas de conducta conyugales éste es un objetivo que ha de tenerse en cuenta, puesto que un buen *autocontrol* incluye un *control facial adecuado*. Gracias a la psicología cognitiva sabemos que los sentimientos son el resultado de la codificación mental de la información de la realidad. En una palabra, todo depende de la evaluación subjetiva que hagamos de lo que nos está sucediendo. La clave está en nuestra interpretación. Dicho de forma más rotunda: *la felicidad no depende de la realidad, sino de la visión de la realidad que tengamos.* Por ejemplo, un investigador que vive modestamente encerrado en su laboratorio puede estar feliz de conseguir un pequeño avance en su investigación. Por su parte, un hombre de negocios despreciaría ese tipo de vida y le parecería ridículo; pero el primero puede sentirse más feliz interiormente que el segundo. Todo depende del punto de vista personal.

Los mensajes que envía nuestra cara pueden, pues, moldearse con esfuerzos de la voluntad, como explica Paul Ekman en su libro *Emotion in the human face* (1985).

2. *Utilizar palabras amables.* Se trata de *suavizar el lenguaje,* evitando frases duras y cortantes, expresiones hirientes o irreconciliables, que complican cualquier diálogo, como por ejemplo: «Nunca más, jamás vuelvas...», «No tolero que...», «Contigo es imposible hablar»... Habría que intentar cambiar esos epítetos por otros, intercalar una disculpa, una palabra que facilite el acercamiento, escuchar al otro y dejar que termine... Si es preciso, mientras tanto puede utilizarse mentalmente algún *lenguaje cognitivo intermitente* para pacificar los propios ánimos. [9] Mantener la cabeza fría cuando el diálogo se caldea indica una personalidad bien regida, con un trasfondo de serenidad. De esa forma cabe tutelar las reacciones agresivas, guiar y supervisar los propios pasos, *acaudillar la ira y las pasiones cuando*

---

[9] Son los criterios de la American Psychiatric Association que da los principales síntomas que tipifican cada trastorno. Véase «Trastorno de la personalidad», en American Psychiatric Association, *DSM. Manual diagnóstico y estadístico de las enfermedades mentales,* Masson-Salvat, Barcelona, 1995, pp. 645 y ss. En este apartado se delimita cada entidad y sus principales síntomas.

éstas se envalentonan. Ése es el camino para supe-rarnos como hombres, para ordenar la conducta y alimentar la mejor de nuestras maneras.

3. *Compartir más cosas juntos.* Si la situación está muy deteriorada y las tensiones son muy inten-sas, lo mejor es apoyarse en amigos de confianza, en los que uno se ampara buscando protección y respaldo.

UN CASO DE CRISIS CON AMENAZA DE RUPTURA

En la siguiente historia clínica que sirve como ejemplo de todo lo anterior, vemos que cuando una pareja atraviesa una situación difícil, es necesario tener muy claros una serie de puntos para ponerlos en práctica en esos momentos.

Se trata de una pareja que lleva nueve años ca-sada. Él, ingeniero, tiene 46 años y ella, abogada, 39; sus dos hijos, 9 y 6 años.

Es la mujer quien acude a consulta: «Desde que nació nuestro hijo el pequeño nuestra relación es mala, difícil. Pero desde hace dos años todo ha empeorado. Estoy quemada. Me siento sola. Nece-sito ayuda y hasta ahora no he sabido a quién acu-dir.»

Continúa su relato: «Somos cuatro hermanos. Yo soy la pequeña. Mi infancia tuvo una primera etapa buena, hasta los 8 o 10 años más o menos. Después me fui dando cuenta del carácter de mi padre. Siempre he pensado lo importante que es la educación de esos primeros años de vida, sobre todo con unos padres sanos, normales. Mi padre ha sido un hombre con un carácter fuerte, autoritario, de ordeno y mando, que ha tratado mal a mi madre; yo he presenciado discusiones, palabras fuertes, desprecios, descalificaciones... Por eso me fui de casa a los dos años de terminar la carrera, necesitaba independencia, ser yo misma. Aquella imagen me ha marcado negativamente.

»Mi madre es buena, pero no ha sabido plantarse a tiempo con mi padre y hacerle ver que ésa no era forma de tratarla. Es una mujer con personalidad, pero dominada por mi padre, que era quien traía el dinero a casa.

»Cuando conocí a mi marido ya estaba independizada. Vivía con una amiga que se había separado de su marido hacía cinco años y no quería vivir sola. Me sentí liberada: no oír a mi padre ni sus agresiones continuas. Yo ya trabajaba en el bufete en el que ahora estoy, aunque eran los comienzos, sabía muy poco de la práctica jurídica.

»Mi novio me gustó por su formalidad: era serio, responsable, correcto en el trato y de carácter templado. Esto último me venía muy bien a mí, que me había ido contagiando del carácter de mi padre y me había vuelto una persona irritable, nerviosa. Mi padre no quería conocer a mi novio, pero cuando se lo presenté le gustó. Decidimos casarnos y aquí empezaron las tensiones con ambas familias: el sitio de la celebración, los invitados... Mi padre se oponía a casi todo, y al no hacer yo lo que él quería, se enfadaba y dejaba de hablarme. Muchas cosas vinieron determinadas por la diferencia de clase social entre nosotros: la suya es una familia más sencilla y con menos medios económicos.

»En la boda acumulamos pequeñas tensiones; no eran importantes, pero se fueron sumando unas a otras. Yo quería mucho a mi marido y me casé enamorada, significaba para mí la paz y la tranquilidad que no había tenido hacía muchos años y, por supuesto, el sentirme querida y protegida. Los primeros cinco años fueron buenos, y yo lo tenía idealizado porque todo funcionaba. Las diferencias con su familia, en especial con su madre y su hermana, las pudimos superar.

»Fue en esa fecha, hace cinco o seis años, cuando empecé a darme cuenta de que él ponía por delante a su madre y a su familia, y que se volcaba más con ellas. Su familia le llama constantemente para pedirle ayuda o consejo. Además a él le encanta estar en casa y a mí salir, pues me pasaba muchas horas en el despacho viendo papeles y clientes. Yo me considero una mujer dialogante, viva, con argumentos y, si hace falta, dura a la hora de una negociación. Pero mi marido me dominaba con su tranquilidad; su arma era no levantar nunca la voz.

»Empecé con el tiempo a criticarlo y a decirle frecuentemente cosas que me parecían mal de su forma de actuar. Hasta que hace algo más de dos años le planteé una serie de puntos sobre nuestra relación:

— "Nos estamos enfriando y esto no va bien."

— "Tengo la sensación de que estás más volcado con tu familia que conmigo."

— "Nos hemos distanciado en nuestras relaciones íntimas."

— "Me gustaría salir contigo, solos, un par de veces al mes, al menos."

— "Te noto más tacaño: tú siempre has sido austero, pero llevas una temporada terrible."

»Mi marido le dio poca importancia a mis comentarios y me dijo: "Sabes lo que te digo, que no es para tanto y que en el fondo lo que a ti te pasa es que estás insatisfecha, tu trabajo no acaba de llenarte, el ambiente del despacho no es bueno... y yo soy el final de todo eso."

»Reconozco que desde hace dos años, y sobre todo en estos últimos meses, siempre que he ido a hablar con él le he gritado y le he dicho cosas fuertes, descalificando a su familia. Lo he hecho conscientemente, pero para que él reaccionara, dada su tranquilidad y esa sensación de que aquí no pasa nada.»

En la segunda sesión le hacemos a ella una serie de exploraciones psicológicas (tests, cuestionarios de evaluación de conducta...) para determinar de modo científico su personalidad. Luego llamamos al marido, quien, aunque ella aseguraba que se negaría a venir y pondría excusas, lo hizo sin problemas y pudimos mantener con él una larga y provechosa entrevista.

Ella nos matiza algunos aspectos más concretos de cómo se desarrollan los hechos:

«Mi reacción a esto que he ido viviendo ha sido acentuar los insultos: primero a su madre y a su hermana, después a otros miembros de su familia y, finalmente, a él. Cada día necesito decirle cosas hirientes: me desahogo y le hago saber lo que pienso de los suyos. Yo lo que quiero es ser feliz y él no es capaz de llenarme.»

A él le pedimos que elabore el siguiente esquema, muy empírico y concreto, para poder trabajar:

1. Resumen de la relación desde el primer encuentro a la boda.

2. Síntesis de la vida conyugal.

3. Principales áreas de conflicto.

4. Rasgos que *quitaría* de la personalidad de su mujer y rasgos que le *añadiría* para mejorar la relación conyugal. Y lo mismo respecto a él.

5. Diferencias acerca de las respectivas familias políticas, para que no interfieran en la relación.

6. Disposición que tiene para arreglar la situación y para poner en práctica las pautas de conducta establecidas por el equipo terapéutico.

Con esta rica información trabajamos y diseñamos parte del *programa de conducta conyugal*. Pero antes hablamos largo y tendido con el marido, quien nos dice:

> «Hemos funcionado muy bien hasta hace poco tiempo. Mi impresión es que ella se ha descentrado y ha cogido celos de mi familia. Además, ha influido cierta frustración profesional y una especie de bravura tremenda que ha hecho que yo tenga miedo a sus reacciones de ira. Cuando se descontrola es impresionante lo que puede llegar a decirme; le voy a repetir algunas de sus frases y usted me dará su opinión...»

También le hacemos a él un estudio psicológico, en la misma línea que el efectuado a su mujer. Nos encontramos con que la mujer padece un *trastorno de la personalidad* muy tipificado en los crite-

169

rios operativos del DSM-IV, mientras que él no tiene nada en este sentido.

Para resumir el caso, queda claro que el miembro más desequilibrado es la mujer, quien paradójicamente le ha dicho a él en muchas ocasiones insultos e improperios como éste: «Tú lo que estás es loco, no sé cómo se llamará eso, si esquizofrenia o paranoia, pero desde luego tú has perdido la cabeza.» Al comentarle yo que era ella quien padecía un desajuste se quedó muy sorprendida y se negó a aceptarlo. Después lloró, se enfrentó al equipo y a la siguiente sesión vino aceptando el diagnóstico y rogándonos que no dijéramos nada a su marido.

A continuación resumimos los principales puntos del *programa de terapia de pareja* de ella, sin olvidar que cada pauta de comportamiento se acompañaba de una explicación detallada de cómo debía llevarse a cabo. Cada uno tenía una *libreta psicológica* en la que apuntaba todo y, además, una *hoja de registro conductual* en el que debían valorar diariamente su evolución con una nota —mal, regular, bien y muy bien—, tanto respecto al *avance real* —es decir, la mejoría concreta—, como respecto a la *mentalización* —o sea, el cambio de actitud ante las sugerencias de la psicoterapia individual.

Programa de conducta de ella

— *Luchar por dominar el lenguaje verbal agresivo.* Evitar descalificarle, herirle, humillar a su familia... Si no pudiera corregir esto, sería señal de que tengo un «impedimento primario» para vencer y entonces casi nada de lo que vendría a continuación tendría un valor positivo.

— *Controlar mejor la relación estímulo-respuesta.* He de saber que de cosas pequeñas hago un mundo. Tiendo a magnificar cualquier estímulo negativo relativamente pequeño. Ésta es una deformación mía muy negativa.

— *Lograr una mejor tolerancia a las frustraciones.* Cuando algo se tuerce o no sale como yo había previsto, tengo que aprender a superarlo.

— *No sacar la lista de agravios del pasado.* Aquí el propósito tiene que ser firme. Si yo no fuera capaz de dominar esto, también sería un síntoma de mal pronóstico en nuestra relación.

— *Recuperar gradualmente la confianza en mi marido.* Mi forma de estar frente a él consiste en estar en guardia, al acecho... y eso es inadecuado psicológicamente. Tengo que cambiar mi actitud.

— *Cuidar el lenguaje no verbal.* Mis gestos irónicos o mis caras de desaprobación son poco positivas y le hacen mucho daño.[10]

— *Aprender a olvidar.* Hay que ir pasando páginas. La vida en común es difícil y necesita de cierta capacidad inteligente de olvido. Si no lo hago, caeré en el resentimiento y me sentiré dolida.

— *Adquirir habilidades en la comunicación.* Es otra de mis asignaturas pendientes. No sé hablar normalmente sin discutir o polemizar. Este desacierto me lleva a tropezar continuamente. ¿Cómo hacerlo? Buscando temas de interés general, pre-

---

[10] Se trata de *categorizar expresiones faciales* y ponerles nombre y apellido. Hay aquí todo un trabajo de enseñar a la gente a reconocer caras y relacionarlas con estados de ánimo.

guntándole por sus cosas, evitando las malinterpretaciones, dejándole hablar sin interrumpirle...

— *Frenar mi agresividad*. Para ello he de conocer el origen y concretar las circunstancias que lo activan.

— *Desdramatizar*. Tiendo a agrandarlo todo. Debo poner cada cosa en su sitio.

— *Ser más diplomática*. He de decir las cosas de otro modo, buscar el mejor momento, tener el don de la oportunidad, aplazar un tema conflictivo para una circunstancia más propicia...

— *Tener pequeños detalles positivos*. He de pensar en ellos e ir ampliando esa enumeración, seleccionándolos según las circunstancias.

— *Compartir más cosas juntos*. Para ello nos apoyaremos en amigos muy íntimos y de confianza. Empezaremos a andar un nuevo camino poco a poco. Lo importante es ir sembrando.

— *No poner dificultades a la hora de mantener relaciones sexuales*. Es un error de bulto decirle que estoy agotada, que he tenido un día de mucho trabajo o que me duele la cabeza.

Programa de conducta de él

Al ser psicológicamente una persona más sana, sus pautas de conducta se dirigen a cambiar de actitud.

— *Ver las cosas de distinta manera*. La situación conyugal tiene que ser distinta ahora, si quiero sacar el tema adelante. Eso significa dos cosas: necesitamos tiempo y cabeza. Mi mujer es la primera vez que va a tener un tratamiento psicológico.

— *Hacerle ver que la quiero, pero que tiene que moderar su genio y su descontrol verbal.* Quitarle la idea de que estoy deseando separarme. Al atacarme tantas veces y con esa dureza tengo que defenderme y explicarle con datos objetivos que cuando ella está bien y se controla es una persona agradable con la que se puede estar a gusto.

— *Demostrarle que ella es lo primero.* Cuando esté con mis padres y mi familia, he de tener el suficiente tacto como para evitar rivalidades, tensiones y enfrentamientos improductivos.

— *Ser más generoso en el tema económico.* En este sentido, he de reconocer que necesito cambiar. Por mi educación y procedencia familiar he tenido la austeridad excesiva como un principio básico, y eso es muy duro de llevar.

— *Dialogar más.* Soy más templado e introvertido que ella y suelo hablar poco. Pero mi mujer reclama más conversación. Soy consciente de ello.

— *Tomar la iniciativa a la hora de hacer algún plan juntos.* Un fallo mío habitual es una cierta pasividad en esto. Sería bueno sorprenderla con algo agradable: «Nos vamos al cine», «Te llevo a cenar a un sitio que sé que te gusta», «Te he comprado tu revista de decoración preferida...».

— *Tratar mejor a su familia cuando la veamos.* Recordar todo lo dicho sobre el control y el dominio del lenguaje verbal y no verbal. Quitarle importancia a cualquier comentario desafortunado.

— *Mostrar más ternura en las relaciones sexuales.* No olvidar la importancia de la delicadeza y la finura, no olvidar que la mujer va más lenta y necesita más preparación

Vemos que hay claras diferencias entre el programa de ella y el de él. En el primer caso todo es más específico y está determinado por unos registros muy concretos; en el segundo sucede justamente al revés: todo es más relajado y dirigido a crear un nuevo clima psicológico, más bien supeditado a los resultados positivos de ella.

El lenguaje no verbal

Si comparamos los libros y las publicaciones sobre terapia conyugal de hace unos años y los actuales, se observan unas diferencias abismales, tanto porque las crisis de pareja han aumentado desde hace aproximadamente dos décadas, como por los recientes avances en la terapia cognitivo-conductual, tan práctica para este tipo de patologías. Así, por ejemplo, Jean Lemaire, en su libro *Les thérapies du couple*, ofrece una sistematización desde el punto de vista psicoanalítico, pero los resultados fueron pobres ya que se perdían en una serie de datos del pasado y en las interpretaciones freudianas de la relación interpersonal. Años antes, Laforgue, Leuba y Wilhelm Reich habían trabajado sobre premisas parecidas. Otro buen exponente fue el libro de Dicks, *Marital tensions: clinical studies towards a psychological theory of interaction.*

El reproche que algunos hacemos hoy a Freud es haber confundido las diferencias entre feminidad y masculinidad, por un lado, así como el haber dejado a un lado los efectos sociológicos sobre la pa-

174

reja. Lo primero está inscrito en la biología y lo segundo está relacionado con los enormes y positivos cambios operados en la cultura en los últimos años.

De hecho, la terapia psicoanalítica es muy poco práctica en las crisis de pareja. Los tratamientos son demasiado largos, se va más al pasado que al presente y su metodología rastrea excesivamente en los conceptos que Freud entendió como esenciales en el origen de la neurosis: represión, sublimación, mecanismos de defensa, símbolos fálicos...

El conductismo supuso un golpe de aire fresco; después, la *psicología cognitiva* se ha fijado no sólo en la conciencia, sino también en todo lo relacionado con los procesos mentales. Aquí es donde entra también la teoría de la comunicación sin palabras. Ekman, Friesen y Tomkins buscaron una solución ingeniosa para descifrar de forma objetiva lo que pudiéramos llamar el *atlas facial*. Diseñaron un test denominado *FAST (Facial Affect Scoring Technique)* que recoge un catálogo de expresiones de caras usando fotografías; dividieron ésta en tres zonas: la frente y las cejas, los ojos y el resto: nariz, mejillas, boca y mentón. Según sean los sentimientos o las emociones, se ofrecen distintas modalidades de fotografías. Por ejemplo, la sorpresa se presenta por una frente fruncida, unas cejas arqueadas, los ojos muy abiertos y la boca más o menos abierta según el grado de asombro [11]. De este modo pueden ob-

---

[11] Para algunas tribus de Papúa Nueva Guinea en el Pacífico, como la Fore, la risa significaba alegría, pero también tensión o nerviosismo, como sucede en algunas culturas chinas. Cada cultura cuenta con sus propias reglas, lo que implica un *sistema común de refe-*

servarse tanto las *expresiones básicas* como las *modalidades más complejas.*

Es evidente que hasta hace pocos años este tema no había entrado con firmeza en el ámbito de la psicología conyugal. Pero sí es verdad que existe una serie de *indicadores no verbales de buena relación matrimonial.* Son signos, señales, del entendimiento de dos personas. En una persona equilibrada debe darse una buena concordancia entre la palabra y el gesto, lo mismo que en la persona coherente casan bien teoría y práctica, lo que piensa y lo que hace.

Hoy, merced a investigaciones comparativas entre diferentes culturas, se ha podido llegar a la conclusión de que existen expresiones faciales universales: la risa, el llanto, el ceño fruncido... Sin embargo, como afirma Birdwhistell, existen algunos matices. Ekman y Friesen, utilizando fotografías cuidadosamente seleccionadas de caras que muestran expresiones básicas —alegría, tristeza, expectación, miedo, terror, ira, desprecio...— y que fueron presentadas a personas de Estados Unidos, Japón, Brasil, Papúa Nueva Guinea y Borneo, comprobaron que en todas partes se identificaban mayoritariamente esas fotos y se acertaba con su significado.

En el último tercio del siglo XIX se hizo célebre el libro de Darwin *The expression of the emotions in man and animals,* en el que comparaba mamíferos, incluido el hombre. Algunos primates, al sentirse

---

rencia fisonómico particular. La expresividad de un latino contrasta con la de un británico.

amenazados, emiten un sonido agudo y enseñan los dientes estirando los labios hacia atrás. El mono *rhesus*, por ejemplo, emplea una especie de mueca amenazante, y el hombre pone una sonrisa defensiva ante la crítica o el ataque de otro humano, algo que en las discusiones conyugales se ve con claridad. Hay actitudes —como sonreír después de un malentendido o acercarse al otro y hacerle una *gracieta* o un gesto simpático— que evitan que la situación suba de tono.

Otra investigadora, Davis, ha establecido una serie de técnicas para mejorar esta comunicación silenciosa de la pareja: ofrece pautas de conducta sanas que hacen más fluida la relación y que culminan en *el arte de conversar*. Son mensajes en la distancia y en la proximidad en función de la comunicación de los ojos y la sonrisa. Se trata de utilizar el lenguaje del cuerpo como totalidad e interpretar las posturas. El contacto ocular sostenido, por ejemplo, puede significar varias cosas: atención al que nos habla, seguridad en uno mismo, atracción inicial y sorpresa ante la otra persona, capacidad para mantener la mirada exploradora del otro... Es muy difícil que estos aspectos se manifiesten en un individuo tímido o inseguro. *El comportamiento ocular es una forma no verbal rica y sutil.* Incluso en el contacto ocular efímero entramos en una parte de esa otra persona y nos dejamos penetrar.

Todos los *indicadores no verbales* pueden ser registrados en la terapia de pareja. Es bueno *conocer* y *evaluar* estas conductas, preguntándoles a los cónyuges por separado lo que más les agrada y desagrada del otro en situaciones normales y patológicas. Saber esto es esencial para corregir lo negativo y reforzar lo positivo. Identificar el lenguaje no verbal negativo es parte de la tarea del psiquiatra o del psicólogo, si no quiere dejar sueltos unos cabos que pueden llegar a tener un efecto erosivo.

VIII.   LOS MODELOS CONYUGALES

¿QUÉ ES UN MODELO DE CONDUCTA?

Para poner fin al análisis de la afectividad conviene trazar las distintas formas de entender la vida conyugal. Es clave comprender el esquema referencial al que uno se dirige, establecer un cierto común denominador. *El modelo es una analogía explicativa que trata de diseñar la conducta* [1] *proporcionando una idea que es hipótesis de trabajo a verificar.* Para Lévi-Strauss el conocimiento científico se presenta como un conocimiento de modelos. Éste da cuenta de la realidad empírica a base de hechos observa-

---

[1] El modelo de mente que elaboró Descartes era hidráulico (fluidos en los supuestos tubos nerviosos). Para los antiguos griegos, la conducta humana se parecía a los hilos que mueven las marionetas (*neuron* significa «hilo»). La función cerebral ha sido vista en los últimos años como una complejísima central telefónica, en la que la metáfora del ordenador tiene voz propia. De esta premisa parte la psicología cognitiva.

Desde Kenneth Craik se habla de *modelos internos,* que son representaciones de la realidad traspasadas al campo del cerebro. La conducta no se queda sólo en la relación estímulo-respuesta, sino que cuenta, además, con el *conocimiento acumulado* y la *ingeniería* del ordenador, que ordena, clasifica y procesa lo recibido.

dos de forma objetiva, que es la meta o fin del *modelo*: estos hechos están dispersos y es necesario agruparlos con orden, construyendo un esquema referencial que se ajuste lo más posible a aquello que se ha captado. *Es un diseño que forma, con los principales datos de una realidad, un universo definido que se encuentra en una dispersión neutra.* En pocas palabras, es la conquista conceptual de la realidad. Y, en el campo matrimonial, significa la conquista del plan referencial deseado a la hora de comprender dicha relación afectiva.

De este modo se pretende alcanzar un análisis más riguroso y una aproximación más crítica y matemática de lo que vemos. Los modos de representación funcionan como reglas y las imágenes que reproducen nos ayudan a entender sistemas complejos del comportamiento. Finalmente, permiten descubrir relaciones hasta entonces más o menos soterradas. El modelo explica, pues, una teoría sobre la afectividad conyugal.

El comportamiento humano no puede explicarse sino mediante una compleja interacción de factores que intervienen en la relación de una persona con él mismo, el ambiente y los que le rodean, como sucede en la vida sentimental. En función de lo dicho analizaremos varias modalidades.

1.   *Modelo físico-material.* Centra las relaciones afectivas en lo sexual y práctico de forma radical. Es reduccionista, puesto que simplifica o reduce la vida a dos valores: sexo y dinero. A largo plazo, se produce un gran vacío que lleva a cambiar de pareja

180

cuando las dificultades de la convivencia se dejan sentir. El sexo desempeña un papel importante, pero no hasta constituir el eje central de la relación. Lo mismo ocurre con el dinero.

Lo normal no es que las personas defiendan este estilo de vida conyugal y lo lleven a la práctica, sino que esto se observa y se extrae dicha conclusión. Es más, lo habitual es que este tipo de personas nieguen estar inmersas en tal dinámica, pues el hombre tiene una capacidad enorme de engañarse a sí mismo, unas veces de forma consciente y otras, la mayoría, de forma solapada.

2. *Modelo light.* Está determinado por cuatro coordenadas: *hedonismo, consumismo, permisividad y relativismo.* Un ejemplo representativo sería el de esas parejas tan típicas de las revistas del corazón, para las que todo es liviano, superficial, sin solidez, pues falla la base de los sentimientos maduros. En esas parejas *todo está preparado para la ruptura,* pero le restan importancia y gravedad a la misma. Surge así un mecanismo camuflado en su interior: *la desdramatización.* No hay drama, porque la vida es un correr el tiempo, sin referente ni remitente. Lo importante es disfrutar, pasarlo bien y sortear cualquier sufrimiento porque éste representa la culminación del sinsentido (*hedonismo*). Por otra parte, todo es válido si se trata de tener más; el ideal del consumo no tiene otro horizonte que la multiplicación o la continua sustitución de unos objetos por otros mejores, y ello (*consumismo*) se remata en el viejo dicho de «tanto tienes, tanto vales». En lo que respecta a la *permisividad,* se va colando dentro de

nosotros y nos pone delante de los ojos la realidad de una libertad sin cortapisas, en la que *lo importante es hacer lo que te apetezca,* no ir contra las inclinaciones que piden paso, ya que eso puede ser nocivo para la salud mental. [2] Y, por último, está el *relativismo,* ese dios moderno y poderoso que reclama un punto de vista subjetivo para todo, ya que no existe una verdad absoluta. Defiende la utilidad, lo práctico, la idea de que el fin justifica los medios. El relativismo supone entrar en la incoherencia, y ella es causa de muchas rupturas, de biografías ilógicas, sin argumentos, irreconciliables. La abrupta altanería del relativismo tiene un tono devorador que afecta a los sentimientos quitándoles solidez.

El hombre light no tiene convicciones firmes, se mueve siguiendo los pasos del modelo del ganador, que deja en la estacada a los perdedores. Le atrae el dinero, el poder, el éxito, el triunfo, el sexo, las relaciones con aquellos que están en la órbita de los poderes fácticos. Es un *personaje sin mensaje interior,* ha perdido de vista que no hay auténtico progreso humano si éste no se desarrolla en clave

---

[2] La obsesión por la permisividad es tan disolvente que deja al hombre desnudo de ideales. Es el camino por donde se envenena la vida y ésta se va llenando de vacío, de hastío. No hay metas altas ni retos nobles. *Es el ideal aséptico*: un nuevo nihilismo: *la indiferencia por saturación de contradicciones.* Pero la existencia humana no puede interpretarse así; eso no es ser persona ni aspirar a lo mejor. Tras la máscara de una cierta plenitud se esconde la estafa de la apariencia.

La libertad pasa por amar lo verdadero, y eso nos va a ir revelando nuestras mejores posibilidades como seres humanos. Nutrirse de lo mejor para iluminar y proyectar una trayectoria que merezca la pena.

moral. [3] Veamos, a propósito, la siguiente historia clínica.

Se trata de un matrimonio formado por un hombre de 53 años y una mujer de 44, que llevan casados veinticinco años. Tienen tres hijos. Ha sido una relación relativamente buena hasta hace unos tres años. El marido es un profesional liberal, de mucho dinero, que viaja a Europa y Estados Unidos al menos dos veces al mes. Su vida está centrada en sus negocios. No tiene la menor preocupación cultural ni espiritual, y tampoco se ocupa de sus hijos.

«Reconozco que todo ha girado en torno a mis negocios y mis temas. Quizá yo no soy un hombre para estar casado. Me casé porque la gente, llegada a cierta edad, tiene que hacerlo. Para mí la infidelidad no ha tenido nunca importancia. He vivido distintas relaciones y creo que nunca ha trascendido a mi mujer. Además, en mi ambiente he querido cuidar la imagen. Algunos de mis amigos son de la misma cuerda.

»No me he separado porque siempre he jugado con otras mujeres, sin nada serio: salir, entrar, viajar, ir y venir. Mi mujer ha estado siempre bastante sometida a mí, quizá demasiado dependiente... La verdad es que esto no me causa mucha gracia.»

Hace tan sólo un mes el marido, sin previo avi-

---

[3] A la larga, el corazón del hombre no tolera la privación de sentido en la vida. La asepsia sentimental seria aterriza en la constante invitación a la falta de compromiso. Esta norma de conducta está de moda: una moral repleta de neutralidad, una especie de reglas de urbanidad sin contenido.

so, sin tensiones o dificultades reales, ha decidido separarse, pues lleva siete meses saliendo con otra mujer: «Yo se lo he dicho a mi mujer de la mejor manera que he sabido. "Te quiero, pero ya no estoy enamorado; tú has sido una etapa de mi vida, pero ahora se inicia una nueva; lo único que quiero es hacer mi vida y ser libre. Éste es mi razonamiento. Creo que soy sincero y te digo lo que pienso."»

La mujer se ha hundido psicológicamente: profunda tristeza, insomnio y deseo de refugiarse en sus hijos, dos de los cuales acaban de separarse también.

Dice ella: «Lo único que pido es una oportunidad. De la noche a la mañana me dice que se ha enamorado de otra mujer. Después de casi veinticinco años de matrimonio no puede hacerme esto. Él dice que no pasa nada, que son cosas de la vida, que podré rehacerla; que nuestras dos hijas se han separado y que eso es señal, simplemente, de que las cosas no funcionaban y nada más. Mi marido es un hombre muy cerebral, pero nunca me imaginé algo así. ¿En qué he fallado?, ¿dónde ha estado mi error? Yo, que he vivido para él, sus cosas, sus viajes...»

El marido es machista con algunos ribetes liberales; no un machista a ultranza. Para él el sexo y el dinero han sido sus principales motivaciones.

Cuando vino a la consulta expuso sus razones: «Ha sido la primera vez que me he fijado de verdad en una mujer. Ella es espectacular, tiene dieciséis años menos que yo, es divertida, original, refrescante... No sé... Es distinta. Está separada y tiene dos hijas. Yo todo esto lo veo normal. No se puede ir contra los sentimientos. A lo mejor debí cortar al principio, pero me divertía verla y salir con ella. Después me di cuenta de que me iba gustando más, y así hasta hoy. La decisión está tomada; quiero una separación civilizada: a ella no le va a faltar de nada.»

El caso es grave y el pronóstico sobre la posible continuidad del matrimonio es malo. Este hombre tiene todos los rasgos propios del hombre *light*. ¿Cómo podía lograr el equipo terapéutico que al menos reflexionara? Me pareció que la mejor línea era decirle lo siguiente:

«Creo que su postura es incoherente, pues ustedes no han vivido una etapa previa de crisis, con el consiguiente esfuerzo por mejorar las relaciones o cambiar cosas concretas. Esto es como ir en un coche y girar sin poner los intermitentes. Si usted trata así a esta mujer, con la que ha estado media vida y que es la madre de sus hijos, ¿qué se puede esperar que haga en otros campos? Su postura carece de una mínima dignidad personal y, aunque no sea creyente, hay una cosa que se llama *valores humanos*: son esos principios por los cuales somos capaces de mirar a los demás con amor y pensar en ellos. Usted no sale bien parado de su decisión; me cuesta entender que se pueda sentir bien consigo mismo haciéndole esto a su mujer, sin que haya mediado un diálogo y un intento de arreglo. Su postura no es humana.»

Ése es el comienzo de una serie de entrevistas en las cuales el marido admitió su machismo y también su postura ante la vida. Ella reconoció el enfriamiento sentimental que se había producido entre ellos, así como el hecho de haber dejado de compartir cosas. Uno de los datos relevantes para iniciar la terapia de pareja fue comprobar que él no estaba enamorado totalmente de ella. En este caso hubo más teoría que diseño de un programa de conducta. Creo que la clave estuvo en *pasar de la anécdota a la categoría*. La actuación de las hijas ha sido muy importante: la mezcla de habilidad, ternura y sinceridad con sus padres para decirles unas verdades duras ha funcionado.

Al final se determinó una serie de puntos básicos a seguir: a) *Romper con la otra mujer,* no verla ni llamarla, aunque cueste. b) *Cambiar de actitud,* tanto a nivel general, por lo que se refiere a la vida en familia, como en particular, por lo que atañe estrictamente al matrimonio. c) *Reactivar los valores humanos* leyendo libros recomendados, entre otras actividades. d) *Compartir más cosas,* trazar puentes de comunicación, viajar juntos... e) *Volver a empezar con nuevas ilusiones...* sabiendo que una de las grandes alegrías de la vida es tener una familia unida

3. *Modelo abierto.* Sigue el paradigma americano del *open family system;* también recibe el nombre de familia democrática. Muchos psicólogos de investigación han estudiado científicamente esta modalidad —Constantine, Hauck, Arieti, Akerman y Beatman, entre otros—, cuyos resultados de estabilidad han sido escasos. A medio plazo se convierte en una familia con desorden estructural. La ausencia de una jerarquía real tiende a hipervalorar el indivi-

dualismo, lo que lleva a una excesiva independencia personal. La ambigüedad aflora enseguida: los hijos crecen sin un modelo de identidad claro, y la posterior *terapia de las negociaciones* no suele culminar con éxito.

4. *Modelo según el cual los dos miembros de la pareja trabajan fuera de casa.* Este modelo funciona bien si el hombre es capaz de ayudar a la mujer y no la sobrecarga de tareas. Es, pues, decisivo que exista una adecuada distribución de papeles: racionalización de los mismos, capacidad de diálogo y tiempo libre para ambos cónyuges.

No obstante, vuelvo a insistir en que un nuevo factor de ruptura conyugal es *la emancipación económica de la mujer.* Hace tan sólo unas décadas, cuando la mujer estaba esencialmente centrada en las tareas domésticas y familiares, soportaba cualquier situación conyugal porque no tenía independencia económica. Muchas veces se convertía en una auténtica heroína, al sobrellevar una vida de pareja muy difícil.

Por tanto, si el hombre y la mujer trabajan, han de organizarse, compartir las tareas con equilibrio. Como dice Beck, en estos casos hay que plantear bien las cosas *a priori,* pues éste puede llegar a ser un campo de conflicto grave, fuente de crisis y de ruptura. Bechter, de hecho, sitúa este acuerdo de principio entre los principales puntos de partida para que un matrimonio funcione. El esbozo inicial puede facilitar las cosas, pero después serán necesarias correcciones, tanteos, pruebas y sucesivas modificaciones hasta ir dando con la mejor fórmula posible. La relación conyugal, en éste y tantos otros temas, es siempre activa, no pasiva: *no se trata de una concepción estática sino dinámica*. El problema es complejo, ya que son muchas las variables que entran en juego.

Para muchas mujeres, el trabajo remunerado fuera del hogar compensa material y psicológicamente, pero en otros casos tiene escaso relieve. [4] Johnson, Eberly y Duke (1988) estudiaron una muestra de más de trescientas mujeres casadas y practicantes de la religión mormona, y obtuvieron datos estadísticamente significativos sobre diferencias entre las mujeres y sus maridos. El 75 por ciento pertenecía a esta religión antes de casarse y sólo el 25 por ciento lo fue a partir del casamiento. Del 58 por ciento que trabajaba fuera del hogar, el 40 por ciento tenía hijos en edad preescolar. La felicidad de la pareja se estudió desde cuatro parámetros: *felicidad marital global, cohesión, consenso y buen entendimiento sexual*. Asimismo, se consideró el nivel de educación de los padres, la religiosidad, la colaboración de los hijos en las tareas domésticas... Entre los muchos datos obtenidos, destaca sorprendentemente el siguiente: las mujeres que trabajaban sólo *part time* (media jornada) eran menos felices que las que lo hacían *full time* (jornada completa). Por el contrario, no se encontraron diferen-

---

[4] La felicidad conyugal está concebida de manera muy distinta por el hombre y por la mujer. Mi *teoría de la felicidad* describe una tetralogía: encontrarse a sí mismo, amor, trabajo y cultura. Pero a esta fórmula hay que añadir más contenidos, derivados sobre todo del amor y el trabajo.

cias significativas entre los tres grupos de la muestra —mujeres que trabajaban en casa, fuera de casa a tiempo parcial o a tiempo completo— con respecto a los cuatro parámetros de felicidad antes mencionados. Otro hecho notable: los maridos que se sentían más felices eran aquellos cuyas mujeres trabajaban fuera casi todo el día, seguidos de los que tenían mujeres que sólo trabajaban en casa.

La interpretación de estos resultados podría ser ésta: la mujer que trabaja fuera de casa media jornada no recibe casi ninguna ayuda del marido, por lo que está más sobrecargada de trabajo y, en consecuencia, más estresada.

5. *Modelo subsiguiente al divorcio.* Depende en su mayoría de cómo se hayan desarrollado los hechos y de las condiciones jurídicas y económicas de dicha separación. El psiquiatra Luis Rojas Marcos, en su libro *La pareja rota* [5], subraya la importancia de que exista un final *civilizado*. De éste se deriva muchas veces el *modelo monoparental*: un solo progenitor se queda al frente de los hijos, con las consiguientes dificultades de adaptación físicas, psicológicas y sociales. Se rompe el *modelo ecléctico de vida conyugal* —del que nos ocuparemos más adelante—, capaz de integrar las vertientes físicas (sexuales), psicológicas, espirituales y culturales.

Para Rojas Marcos, esta determinación es el resultado de una larga y dolorosa lucha tras un matrimonio enfermo. Los datos derivados de su experiencia profesional son que el 52 por ciento de las

---

[5] Espasa Calpe, Madrid, 1994.

mujeres se van de casa y sólo el 28 por ciento decide al unísono con su cónyuge llegar a la separación.

El divorcio suele tener efectos demoledores para los hijos. Entre otros, se han descrito manifestaciones depresivas, de ansiedad, desajustes de la personalidad y trastornos psicosomáticos. Cuando hay desacuerdo respecto a la custodia de los mismos, el tema se agrava y las consecuencias psicológicas aparecen enseguida. De cualquier forma, cabe describir *muchos modelos posdivorcio* [6], aunque sus soluciones en muchas ocasiones no son fáciles.

EL MODELO CONYUGAL ECLÉCTICO

Quiero ahora describir el ideal de una vida conyugal en la que la palabra *normal* tiene luz propia. Analicemos los distintos significados de la normalidad.

1. La *norma estadística.* En ella se identifican normalidad y frecuencia. *Lo normal es lo que se observa de forma más habitual.* Aquí cuenta la periodicidad, la repetición sucesiva de una conducta que se convierte en un hábito social. Pongamos un ejemplo: si en un estudio de población juvenil el 75 por ciento de los sujetos fueran drogadictos en al-

---

[6] Estos modelos de familia son problemáticos en la mayoría de las ocasiones. Por eso una buena terapia conyugal, en la que los dos cónyuges luchan por solucionar las cosas, es casi siempre la mejor solución. Evidentemente, hay parejas en las que esto es imposible, pues falla la base, bien de uno de ellos o de ambos. En esos casos la separación es inevitable.

gún grado, la drogadicción sería lo *normal* en términos matemáticos —aunque ese grupo humano estaría enfermo— y los sanos serían *anormales.*

2. La *norma ideal.* No se trata de *lo que es,* sino de *lo que debe ser.* La diferencia entre lo normal y lo anormal es cualitativa. Hay muchos ejemplos de esto: si la hora de entrada en una empresa son las 8:30, ésta es la norma ideal institucionalizada; pero si sólo el 65 por ciento de las personas que trabajan en ella llegan a su hora, mientras que el 35 por ciento restante lo hace más tarde, hablaremos de *transformación de la norma ideal en norma estadística.* Es en este contexto en el que entra el *modelo holístico* o *ecléctico* al que me voy a referir más adelante. Se trata de una aspiración positiva por la cual tenderemos hacia un modelo de vida conyugal estable, fructífero y sano. La desacralización de la familia, fenómeno relativamente reciente en Occidente, va en contra de esta pretensión ideal o norma.

3. La *norma funcional.* Corresponde al *estado específico de un individuo* según sus características y objetivos. Es normal que una persona de setenta años tenga una calidad visual menos buena que una de treinta. Es normal que cualquier pareja bien avenida pase a lo largo de su vida algunas crisis.

La palabra *ecléctico* procede del término griego *eklego,* que significa «integrado». Es el método capaz de coordinar distintas facetas buscando una coherencia interior. De la misma manera, *holístico* deriva del afijo griego *holo*: «total, entero, completo».

Referido al tema conyugal, significa que *el paradigma ha de ser una totalidad organizada, dinámica, que debe entenderse no como una sucesión de elementos aislados, sino como un conjunto de factores —físicos, psicológicos, espirituales y socioculturales— interrelacionados, sin apenas contradicciones.* Todo ello se cimenta según el arte personal de cada pareja, integrando y combinando sus parcelas. [7]

El comportamiento humano es muy complejo y ha de ser explicado por la suma y la interacción de muchos factores que se activan cuando hemos de relacionarnos con la persona amada, con nosotros mismos y con el entorno. *Los aspectos sexuales, psicológicos, espirituales y culturales* han de ir sintonizándose entre sí para alcanzar un amor firme, duradero, abierto y dinámico, que brinde a los hijos un espacio afectivo donde criarse y ser personas. Esta es la *norma ideal.*

AMOR Y SEXUALIDAD

La *sexualidad,* es decir, el *plano físico,* tiene mucha importancia en la armonía de la pareja. Desconocer eso implica olvidar uno de los pilares esenciales del amor humano. Éste brota, emerge, de la atracción. Como describimos en el primer capítulo, el anzuelo del enamoramiento suele ser el aspecto

---

[7] El concepto de *paradigma* es originario de Kuhn. Se trazan caminos para integrar el pensamiento científico y formular *hipótesis de trabajo* que puedan ser verificadas mediante el rigor de la investigación.

físico. Es decir, la sexualidad en sentido genérico está latiendo ya. Después, con el paso del tiempo, se va perfilando y variando según las lógicas fluctuaciones.

Las relaciones entre amor y sexualidad son muy estrechas. Es necesaria la interacción para un buen funcionamiento de la pareja. En el encuentro sexual cabe destacar por su protagonismo la emoción placentera del goce del acto sexual. Por ello insisto en subrayar que *la relación sexual es un acto íntimo de persona a persona,* no *de cuerpo a cuerpo.* ¿Qué quiere decir esto? Sencillamente, que cuando al otro se le trata sólo como ser físico, como portador de un cuerpo, se le está escamoteando la grandeza y la profundidad del encuentro.

Si uno se deja llevar por los derroteros de la propaganda erótica continua, resulta difícil ver la sexualidad con unos ojos limpios, sanos y normales. *Permanentemente somos invitados al sexo por los medios de comunicación social.* Es una convocatoria que se hace de forma divertida, superficial, como liberación que conduce a la madurez de la personalidad. Sin embargo, un mensaje tan equívoco y contradictorio puede distorsionar a quien no tiene claras las ideas. *La sexualidad «desconectada» del amor y de los sentimientos rebaja y envilece la pareja*, y finalmente conduce a la neurosis puesto que falsea el verdadero sentido del amor. Este «pregón de libertad» suele terminar en una de las peores esclavitudes que puede padecer un individuo: *vivir con un tirano dentro que empuja y obliga al contacto sexual anónimo.*

El cuerpo ha de concebirse como parte de la personalidad y la sexualidad como un lenguaje cuyo idioma es el amor.

Existen muchas encuestas acerca de las relaciones sexuales de los jóvenes que nos ofrecen matices y perspectivas diferentes. Pero no olvidemos lo siguiente: la *sociología* nos descubre comportamientos mayoritarios y concretos en un momento determinado y sobre un tema concreto. La moral, el arte de vivir con dignidad, nos enseña cómo debemos actuar, qué es lo mejor para el hombre a largo plazo. Mientras la sociología observa hechos y los plantea estadísticamente, la moral fija ideales y conductas que hacen al ser humano más libre. La verdad no depende del consenso ni de lo que diga la mayoría. Por ello no hemos de hacer excesivo caso a los datos estadísticos. Sólo es positivo tomarlos como referencia.

A continuación haré tres observaciones esenciales en relación a la sexualidad:

1.   Existe una tendencia a *idolatrar el sexo*. En nuestra sociedad se ha instalado la idea del *sexo a todas horas*; se está materializando de forma degradante el sexo, con una nota *sui generis*: se trivializa el sexo y, a la vez, se le convierte en religión. Reducir la sexualidad al placer genital de *usar y tirar* es parte de la *sexual performance*, esto es, la obsesión por las marcas o los retos sexuales: cuántas veces al día, cuántas a la semana, qué técnicas amorosas son más placenteras...

2.   Existe una importante *paradoja en la sexua-*

lidad, puesto que la sociedad busca lo que escandaliza y fomenta lo que después condena. Como ejemplo representativo cabe citar los anuncios en prensa sobre el sexo adolescente...

3. Existe cierto olvido de la *educación sexual*. Sin embargo, ésta es fundamental para dar respuesta a todas las preguntas que se suscitan a lo largo de la vida.

La sexualidad [8] es un componente fundamental de la persona. De hecho, la madurez de la personalidad consiste, entre otras cosas, en conocer la sexualidad, saber para qué sirve y gobernarla, ser dueño de ella y no al contrario. La sexualidad conyugal es la expresión directa de la entrega de una persona a otra.

La vida sexual en la pareja debe irse acoplando a medida que pasa el tiempo; cuando ésta funciona bien en general, también lo hace en esta parcela. *La sexualidad del hombre es bastante más que sexo*, es un vehículo de acercamiento y comprensión, de goce compartido. Es indudable que el cuerpo tiene en el orgasmo su máximo nivel de placer, pero no debe quedarse ahí. ¿Por qué? Porque la sexualidad no es un objeto. Es algo más humano y menos material.

---

[8] En *la cultura del orgasmo* éste se concibe como unidad básica, como *experiencia cumbre* para cogerle el pulso positivo a la vida. Por eso hace falta con urgencia una auténtica educación sexual que ponga las cosas en su sitio, al menos para los que deseen tener las ideas claras sobre un asunto tan esencial. La relación sexual, insisto, se hace verdaderamente humana cuando es de persona a persona.

No puede reducirse a un bien de consumo. [9] La sexualidad inteligente es aquella en la que se mezclan la ternura, la complicidad, el misterio, la delicadeza, la pasión y el compartir las cosas. La fórmula para tener éxito en el buen entendimiento sexual es saber combinar arte, talento y naturalidad.

Es un grave error de percepción convertir el placer sexual en el mayor bien de la vida conyugal. E igualmente lo contrario: minimizarlo, reducirlo a la mínima expresión, posponerlo y dejarlo para momentos estelares... Ni *idolatría* y *utilitarismo*, por un lado, ni tampoco *espiritualismo* decadente, por otro. Cuando esto no se entiende bien, el amor se convierte en una *fusión de egoísmo* o en una *concentración de ignorancias.* Hay que evitar lo uno y lo otro.

Se trata de conseguir poco a poco *un amor sexual y espiritual a la vez. Espiritualizar la sexualidad conyugal; impregnar de idealismo, dulzura y protagonismo el plano sexual.* La relación se mantiene con frescura y lozanía siempre que esté envuelta en un romanticismo por el cual *la persona es tratada no como objeto de placer, sino como objeto de amor:* su valor como persona será siempre superior al valor del placer.

---

[9] La oferta de entretenimiento sexual en la televisión y el cine carece de unos mínimos criterios racionales. Es la evidencia de la vulgaridad, en la que sólo importa pasarlo bien sin restricciones. Ésa es la visión que se pretende dar de la felicidad. Yo quiero hacer una salvedad al respecto: *no eres más libre cuando haces lo que te apetece, sino cuando eliges aquello que te hace más persona.* No hay que confundir el no tener tabúes con carecer de principios.

Es un hecho que la vida actual se ha psicologizado. Cualquier análisis de la realidad ofrece una perspectiva psicológica, un componente que no se tenía en cuenta hace tan sólo un par de décadas. A todos nos interesa esta materia; por una parte, para conocernos mejor y saber dónde están los resortes más importantes de la conducta; por otra, para facilitarnos las relaciones con los demás, ya que la convivencia tiene unas reglas muy claras en lo que al comportamiento interpersonal se refiere.

El principio central sobre el que se fundamenta el conductismo reside en considerar que nuestro comportamiento se mueve mediante relaciones estímulo-respuesta: *nuestra conducta es producto de nuestro condicionamiento.* Hacia 1913, Watson inició su desarrollo, prescindiendo de dos puntos básicos que hasta ese momento habían tenido un relieve decisivo: *la conciencia* psicológica y la *instrospección.* La persona se puede estudiar, igual que los animales, observando y cuantificando lo que de ella se ve, lo que muestra al exterior. La conducta puede ser «medida y pesada». De esta forma se pretendía controlar y predecir la respuesta de un individuo según el tipo de estímulo a que era sometido. Si extrapolamos este aspecto al tema de la vida en pareja, significaría que cabe controlar las variables que entran en juego en dicha comunicación.

Pero la corriente conductista, junto a grandes aciertos, ha fracasado al dejar de lado los *procesos mentales* —la conciencia, la introspección y los sentimientos—, cuya incidencia e importancia son enormes. Las raíces de esta concepción psicológica hay que buscarlas, además de en Watson, en Paulov, Poincaré, Comte y, posteriormente, Skinner [10], quien diseñó el concepto de *moldeamiento*, es decir, la posibilidad de regular la conducta mediante el control del binomio *premio-castigo*. Esto es muy interesante para la vida conyugal, tanto que se podría formular la siguiente afirmación: *la clave para que la conducta conyugal sea adecuada descansa en la noción de refuerzo,* o sea, en el estímulo que incrementa la probabilidad de una respuesta. Hay *refuerzos positivos* y *negativos.* Los primeros incrementan la frecuencia de una conducta; por ejemplo, si el marido al llegar a casa después de una jornada de trabajo le da un beso a su mujer y le dice alguna palabra agradable, lo más probable es que ella reaccione de forma similar, y si el estímulo inicial del marido se repite, en días sucesivos, se vuelva a dar un *patrón similar de respuesta.* Los negativos se eliminan después de que se ejecute una respuesta; por ejemplo, si tengo dolor de cabeza, tomo un analgésico y éste desaparece.

Los conceptos centrales del conductismo son: *estímulo, respuesta, estímulo condicionado* e *incondicionado, respuesta condicionada* e *incondicionada.*

---

[10] Skinner creía que se podía encontrar la felicidad siguiendo estos principios, haciendo que la gente mejorara su forma de funcionar. En su libro *Waldel Two* se puede ver, junto a elementos científicos bien definidos, visiones demasiado simplistas que recuerdan al libro de Aldous Huxley, *Un mundo feliz,* o *1984* de Orwell.

Desde esas premisas, como hemos comentado al comienzo del libro, se dibuja todo el mapa de la conducta. El amor de una pareja consiste fundamentalmente en *un intercambio de refuerzos positivos, de recompensas actuales.* Es evidente que los hechos positivos y gratificantes favorecen la mejoría en las relaciones afectivas, lo que explica la teoría del refuerzo.

Para la psicología cognitiva, de la que ya hemos hablado, dos son los conceptos relevantes: *estímulo nominal* y *estímulo funcional.* El primero es igual para cualquier sujeto: una palabra, un gesto, una cara seria, una voz alta...; en el segundo, el mensaje está matizado por el *atributo* que cada uno da desde su particular circunstancia. El tratamiento que cada persona da a los datos que va almacenando[11] es esencial. Así como el ordenador se puede definir como *un procesador general,* ya que es una máquina y no tiene historia, el hombre es *un procesador individual y específico,* lo que significa que, al tener una biografía, adopta distintas formas de archivar según sea su relación con el entorno próximo y lejano.

Los principales *errores y defectos en el procesamiento*[12] *de la información conyugal,* teniendo en cuenta que el material recibido se codifica de dife-

---

[11] Toda la terapia conyugal está centrada en favorecer la tupida red de aprendizajes positivos con el otro. La complejidad de estos intercambios tiene un puente, que es el arte de saber almacenar y codificar de forma correcta las cosas que el otro hace, dice o expresa con sus gestos.

[12] La premisa de toda terapia cognitiva es ésta: descubrir errores y distorsiones en la atribución de estímulos externos, internos y biográficos. Frente al *hábito de deformar,* la tendencia a pensar en positivo y a captar más lo positivo que lo negativo.

rente manera según las ocasiones (desde la ordenación espacial, a la asociativa), son los siguientes:

1. *Distorsión del pasado.* Suele ser bastante frecuente en parejas en conflicto. Pequeños hechos o anécdotas de cierta envergadura son almacenados en la memoria de forma incorrecta, con cargas pasionales negativas y peyorativas, lo que hace que no se puedan olvidar y que estén siempre a punto de aflorar. El trabajo psicoterapéutico consiste en ayudar a esa persona a *hacer otra lectura biográfica* más sana, fría y desapasionada de esas informaciones.

2. *Generalización excesiva.* Consiste en elaborar una regla general a partir de un hecho aislado. Así, por ejemplo, la frase «Nada mío te gusta». Hacer ver que esto constituye un trastorno psicológico es parte fundamental del trabajo psicoterapéutico.

3. *Maximización y minimización.* Consiste en evaluar la significación de las circunstancias magnificándolas o restándoles importancia. Es necesario aprender a valorar los acontecimientos en su justa medida; ello indica madurez psicológica y una cabeza bien organizada para enjuiciar lo que sucede.

4. *Conclusiones negativas* a priori. Se trata del mecanismo psicológico por el cual se sacan conclusiones *a priori* que son arbitrarias y que tienen el sesgo del pesimismo, sin que exista ninguna evidencia al respecto. Por ejemplo: «Mi marido nunca cambiará, se lo digo yo que le conozco muy bien», «La psicoterapia no va con él, él no responderá»... La relación

estímulo-respuesta queda rota por la injerencia de ideas preconcebidas. Falla el concepto de *respuesta*.

5. *Abstracción selectiva.* Así como el apartado anterior se refería a la respuesta, éste alude al *estímulo.* Consiste en centrarse en un detalle extraído de su contexto, sin tomar en cuenta los pormenores y circunstancias que lo rodean, y conceptualizarlo de forma negativa. Veamos, por ejemplo, el siguiente diálogo:

—Una vez me dijiste que yo, al no tener carrera universitaria, nunca llegaría a comprenderte... —dice la mujer.

—Sí, es cierto, pero te lo dije en un momento de enfado; estaba descontrolado y no debes tomármelo en cuenta —comenta su marido.

—Sí, qué fácil es decir ahora que no te diste cuenta, pero hay cosas que no se olvidan y que son muy duras para una mujer con mi sensibilidad —concluye ella.

La capacidad del psicólogo o del psiquiatra para situar los papeles de forma precisa es fundamental.

6. *Pensamiento dicotómico.* La forma de ver la realidad es totalmente *maniquea*: blanco-negro, bueno-malo, encantador-odioso. Con estos criterios —irreconciliables, antagónicos, imposibles de acercar—, se clasifica a las personas y se valora la propia pareja. La discrepancia está, pues, servida. En el amor inteligente este camino viciado debe ser evitado, ya que, de lo contrario, se convertirá en un callejón sin salida. La rivalidad fuerte puede llevar a esa pareja a la ruptura por un error en la formulación de las posiciones.

Todo esto pone de manifiesto la importancia de lo *cognitivo* [13] en las patologías concretas.

AMOR Y ESPIRITUALIDAD

El amor inteligente, como hemos afirmado ya, debe estar regido por el corazón y la cabeza, pero unidos ambos por la espiritualidad. Necesita sentimientos maduros y, al mismo tiempo, criterios lógico-racionales. *El amor auténtico consiste en una pasión inteligente.* Para entender mejor las pasiones hay que aplicar la inteligencia, en tanto que capacidad para discriminar, separar, seleccionar, ver de cerca y de lejos, destacar unos planos y posponer otros...

El corazón es el símbolo de los sentimientos en prácticamente todas las culturas. La pasión, que va mucho más allá de los cambios hormonales o las alteraciones bioquímicas, es el conjunto de sentimientos y razones; es como un amor con dos dimensiones, pero que aspira a la participación de la espiritualidad, que ofrece una visión más rica de ese amor. [14]

La literatura universal está plagada de casos que nos manifiestan lo dicho. Por ejemplo, el rabino Chiquitilla, nacido en Medinacelli, escribió un

---

[13] Sugiero dos obras al lector interesado en estas lides: Jagjit Singh, *Teoría de la información del lenguaje*, Alianza Editorial, Madrid, 1989, especialmente el capítulo «Información y cerebro», pp. 142 y ss.; y Paul Martin y Pactrick Bateson, *La medición del comportamiento*, Alianza Editorial, Madrid, 1991, que ayuda a adentrarse en la investigación empírica del comportamiento.

[14] Es curioso observar cómo la mayoría de las agencias matrimoniales buscan este equilibrio como reclamo de sus clientes.

precioso libro —*El misterio de la unión de David y Betsabé*—, en el que nos cuenta la leyenda de la búsqueda eterna de nuestra alma pareja, como camino para alcanzar la perfección. [15] Esa fascinación amorosa, para que se haga consistente y sólida, necesita ascender a planos en los que la razón fría se mezcla con las emociones bien estructuradas, en los que se busca el bien del otro.

¿Qué debemos entender aquí por *espiritualidad*? La capacidad para mirar más allá de lo que vemos y tocamos; una perspectiva que amplía el horizonte, lo dilata y ayuda a captar otros ángulos más sublimes, pero menos accesibles. En los tres grandes libros que definen nuestra cultura y la hacen grande —el *Corán* para los árabes, el *Pentateuco* para los judíos y el *Evangelio* para los cristianos— encontramos las mejores respuestas a la pregunta sobre cómo debe ser entendido el amor trascendente. También pueden añadirse otros textos, como el *Talmud* hebreo, una de cuyas sentencias dice así: «El hombre fuerte es el que gobierna sus pasiones; el hombre honrado es el que trata a todos con dignidad; y el hombre sabio aprende de todos con amor.»

También en el *Zohar* o *Libro del esplendor,* los

---

[15] Incluso los agnósticos más recalcitrantes se dan cuenta de que el amor tiene otra dimensión. Los amores planos, sin verticalidad ni horizonte, sin preocupación por los demás, terminan en el solipsismo de una egolatría relativamente camuflada.

En los últimos días de su vida, Mitterrand contaba a Elie Wiesel, judío practicante, el efecto que le había producido el libro *Historia de un alma* de Teresa de Lisieux, y le confesaba: «Esa mujer sabía lo que era el amor de verdad, lo más auténtico que hay en el hombre, la espiritualidad.»

judíos pueden beber en unas fuentes claras, en las que se encuentran brillantes pensamientos que ayudan al ser humano a aspirar a lo mejor. San Juan de la Cruz lo expresa de forma excelsa en sus *Canciones entre el alma y el esposo*:

> En la interior bodega
> de mi amado bebí y cuando salía,
> por toda aquesta vega
> ya cosa no sabía
> y el ganado perdí que antes seguía.

Y otro fragmento espléndido refleja la fenomenología sentimental:

> Mira que la dolencia
> de amor, que no se cura
> sino con la presencia y la figura.
> Quedéme y olvidéme,
> el rostro recliné sobre el amado;
> cesó todo y dejéme,
> dejando mi cuidado
> entre las azucenas olvidado.

Cuando más adelante el poema dice «allí me enseñarás», se refiere a *conocer la sabiduría y la ciencia del amor*. Mediante esta nueva óptica espiritual, uno se vuelve un ser amoroso, capaz de perdonar [16], aceptar, asumir, corregir y volver a empezar.

---

[16] Ser el primero en perdonar, adelantarse para ir en busca del otro, es una actitud que rezuma trascendencia. *Perdona*, es una palabra mágica que sana.

La espiritualidad da otra perspectiva al amor; lo llena de capacidad de sacrificio gustoso. Erich Fromm en *El arte de amar* dice que el hombre tiene miedo a amar por el pánico a no ser correspondido, pero gracias a las columnas que lo sostienen —el sentimiento maduro y la razón— sigue adelante. *Un amor construido con materias nobles es difícil de derribar y se hace sólido y fuerte con el paso del tiempo,* como si de una ciudad medieval amurallada se tratara.

Es difícil mantener el amor conyugal sin espiritualidad. Lo físico tiende a pasar y a degradarse en alguna medida. Con lo espiritual sucede justamente lo contrario: ayuda a superar las flaquezas personales y suaviza el desgaste de la convivencia. Si *amar es querer envejecer juntos,* hay que procurar aunar las *tres dimensiones,* que dan lugar a tres grandes amores clásicos: de *benevolencia,* de *concupiscencia* y de *amistad.* El primero tiene en el desinterés y en la búsqueda del bien del otro su primera propuesta; es el amor más puro. Sus sentimientos son complacientes y generosos. Se trata de un amor magnánimo, amable, desprendido... Sería como decirle a la otra persona: «Me esmero en tratarte como lo que quiero que seas para mí: apoyo y descanso.» [17]

---

[17] Quizá alguno se sonría al leer esta expresión. Sabe muy poco lo que es el verdadero amor. El que va a él casi sin ideales, con escepticismo, tiene un mal pronóstico de estabilidad y duración en su vida conyugal.

Leon Tolstoi, en su obra *La novela del matrimonio* (Bronce, Madrid, 1996), sitúa la boda de los protagonistas como el comienzo de la verdad de cada uno. Describe de forma magistral los matices afectivos. Uno y otro miembro de la pareja van descubriendo cómo hay que entenderse, abriéndose paso el uno al otro, a través de la comprensión, el diálogo y el juego de cesiones recíprocas.

El amor benevolente mira al otro no como objeto de placer, sino como propósito de amor de calidad. Es un *amor moral*, porque se apoyan en el arte de vivir con dignidad, usando la libertad del mejor modo. Frente a la física del amor se eleva la metafísica, escuela de perfección bilateral, vinculada y subordinada a la alegría, el gozo y el sufrimiento compartido.

El *amor de concupiscencia* tiene su máximo exponente en el deseo sexual y en la atracción física. Ha de ser así. La atracción psicológica, sin acompañarse de la física, estaría quebrada, incompleta, y por tanto no conduciría a la creación de un nosotros. El impulso sexual se materializa del mejor modo a través del amor auténtico. [18] No se reduce a la satisfacción de las tendencias biológicas, esencias mismas del amor humano, sino que engloba también las psicológicas y las espirituales; pero en el momento del acto sexual, cuenta con la presencia del ímpetu instintivo, dirigido a la persona, no a su cuerpo.

Si el amor está materializado, cuando esas personas se miran a la cara descubren la falsedad de fondo, aunque intenten cambiar los hechos con palabras. El ser humano, lo hemos dicho, es capaz de

---

[18] Existe una diferencia, siguiendo estos términos clásicos, entre el *amor de concupiscencia* y la *concupiscencia misma*. En el primer caso, se busca a la otra persona y se la trata como a tal; hay un encuentro misterioso, repleto de grandeza y entrega, en el que *uno queda comprometido*. En el segundo caso, la pasión sexual, si no se encauza bien, sólo busca al otro para apagar su sed de sexualidad. El otro es utilizado como objeto.

mentirse a sí mismo, pero siempre emergen *momentos de sinceridad* que ponen sobre la mesa la verdad íntima de esas personas. En tales situaciones, quien no quiere meterse en esa exploración personal huye, se aleja, se sumerge en otras aguas y esquiva el enfrentamiento con su realidad.

La benevolencia es desinterés y generosidad; la concupiscencia, impulso sexual; y la amistad, confidencia, camaradería, complicidad. La amistad a secas es un amor sin sexo con bases firmes como la entrega y la intimidad. Es en esta fase donde hay una comunicación entrañable capaz de superar el propio *yo* y construir un *nosotros*. Así, la naturaleza humana se realiza de la mejor manera y se perfecciona.

Metafísica del amor

Definiría como *metafísica del amor* aquella operación psicológica cuyo objetivo es conseguir que la relación entre dos personas vaya más allá de la experiencia personal compartida. Profundizar en los sentimientos, elevarse por encima de los hechos objetivos buscando lo eterno, lo perenne, aquello que se perpetúa. *La metafísica del amor persigue la trascendencia,* cuya meta es la espiritualidad, *base del amor en el pensamiento musulmán, judío y cristiano.* La tradición judeocristiana vive este amor según unos principios que lo hacen más sólido y firme. Frente a las oleadas de posmodernismo que relativizan cualquier amor, la espiritualidad descubre su grandeza y sus exigencias.

Hay un texto del Evangelio muy aleccionador en este sentido:

«Todo el que viene a mí y escucha mis palabras y las pone en práctica, os diré a quién es semejante. Es semejante a un hombre que, al edificar una casa, cavó muy hondo (*fodit in altum*) y puso los cimientos sobre la roca (*et posuit fundamentum supra petram*). Al venir una inundación, el río irrumpió contra aquella casa y no pudo derribarla porque estaba bien edificada. El que escucha y no pone en práctica es semejante a un hombre que edificó su casa sobre tierra sin cimientos; irrumpió contra ella el río y se cayó en seguida, y fue grande la ruina de aquella casa» (Lc 6, 46).

La expresión latina tiene toda su fuerza en la frase *fodit in altum*: cavar profundamente, buscando que las raíces se metan en las entrañas de la tierra para que el edificio afectivo no pueda derrumbarse.

Detrás de la trascendencia, cuya base es la espiritualidad, se descubre a Dios. Para el creyente esta travesía es un itinerario de perfección, a pesar de las limitaciones propias de la condición humana; siempre está la ilusión de llegar algún día a esa cima, donde el amor humano se hace divino y viceversa. Ambos se entrecruzan.

El amor se transforma en complicidad, en compañerismo. Se mantienen la pasión, la ternura y la admiración; se busca no defraudar al otro y corregir lo que interfiere en el normal funcionamiento de la pareja. Porque la vida es ser, no tener. Y el ser humano es una extraña sed que busca algo auténtico que lo sacie. Para un psicoanalista la hermenéutica de esto es fácil: provenimos del medio líquido, que es el seno de nuestra madre, y buscamos retornar a ese clima para alcanzar la armonía interior. La felicidad es estar en paz con uno mismo, tener ciertas dosis de serenidad que faciliten la existencia.

Resumiendo, el aforismo «Donde hay confianza da asco» estaría justamente en el extremo opuesto de lo que digo. Buscar siempre el mejor comportamiento es convertir el amor diario en algo metafísico y extraordinario.

Quizás parezca excesivo, y lo es en algún sentido; pero muchos lo practican en el ámbito profesional por ascender a una posición más positiva y ventajosa. ¿Por qué no intentarlo entonces en el ámbito de la vida conyugal?

El trato delicado aviva el fuego del amor conyugal y hace que arda con vigor. Su brillo ilumina ambas vidas y la espiritualidad, comprometida, va más allá de la pura teoría.

Los padres debemos ser aquí los mejores educadores. Es un error pretender que esta tarea la lleve a cabo la escuela o el Estado. Hay que intentar, personalmente, una cultura sexual plena, que integre al mismo tiempo lo físico, lo psicológico y lo espiritual, ampliando su perímetro a los hijos que se derivan de esa unión. Hoy debemos luchar contra criterios comerciales, hedonistas, que reducen y empobrecen la sexualidad. El amor humano con ideales se hace valioso y pone todo al servicio del otro y de los hijos: está por encima del propio capricho o de las presiones sociales del materialismo y del consumismo. El ser humano vale más por lo que es que por lo que tiene. *Navegar sin valores ni principios conduce a un puerto vacío y finalmente al naufragio por falta de dirección y timonel.*

El drama de tantas separaciones anunciadas *a priori* no es otro que la ausencia de *ideas claras*, por un lado, e *ideales*, por otro. Ambos aspectos se mezclan en la visión que esa persona tiene del amor. Por eso la maternidad y la paternidad no son únicamente un elemento de la naturaleza, algo puramente físico, sino también un ingrediente psicológico y espiritual. Se construye así un amor exigente, que se protege a sí mismo con la sabiduría de la coherencia, de la verdad y de la espiritualidad. Un amor que huye del egoísmo y supone una entrega sincera, un *ejercicio de la libertad en la verdad.*

Frente a la *felicidad utilitarista* propongo la *felicidad del proyecto de vida tejido de ideales.* Lo he dicho con anterioridad: el amor hay que protegerlo y esto significa ser capaces de tener unos argumentos bien trenzados que miran por su bien individual y el de los hijos. Si libertad y responsabilidad no van unidas, se produce una amenaza sistemática y permanente para la familia, una de cuyas consecuencias es la condena de los hijos a *ser huérfanos de padres vivos.* De ahí a la familia monoparental no hay más que un paso.

Igual que existe una verdad sobre el hombre, también hay otra sobre el amor. Cada uno debe aspirar a ella buceando en las auténticas concepciones sobre la condición humana. Como dice el texto clásico, una civilización está enferma cuando confunde y altera los conceptos básicos.

La dimensión unitiva y de procreación deben conjugarse. El desorden en el sexo nos lleva a perder gradualmente la capacidad de amar y convierte el placer en objetivo de esa conducta, que se va a ir escorando hacia el individualismo y la propia satisfacción.

Hay un tema del que no me he ocupado en este apartado: la inteligencia en el amor lleva a respetar su íntima naturaleza, una de cuyas dimensiones es la apertura a la transmisión de la vida, ingrediente esencial del sentido de la sexualidad, que le da trascendencia. Ésa es una de las facetas primordiales de la vida sexual. Privarla de ella es escamotear su auténtica verdad.

El amor a la verdad íntegra debe conducir a la fortaleza para ir a contracorriente. Sobre todo en una época en la que el desprecio a la vida planea por nuestra cultura enferma. El encuentro sexual nunca puede ser algo pasajero, transitorio, epidérmico, sino entrega de lo más propio, incluyendo el futuro de cada uno, lo que será de esas dos vidas. Ésta es la grandeza del matrimonio, del amor humano. Y también su exigencia. Ahí se ve claramente la diferencia con el apareamiento animal. Y, por otro lado, se evitan equívocos de quienes creen que han llegado a un amor personal por el solo hecho de unir atracción física con sentimientos positivos correspondidos.

La demolición de los valores básicos de la sexualidad que asoma en los medios de comunicación es un signo de decadencia y desorientación, que conduce al *positivismo sexual*. Éste se caracteriza por dos notas: en el campo intelectual, el *agnosticismo*, que ignora lo espiritual, porque no puede demostrarse de forma empírica, objetiva, científica; en el terreno práctico, *utilitarismo*, que confunde lo útil con lo ético.

El sexo no puede ser contemplado como un mero acto de dos cuerpos que se funden porque se desean, sin consecuencias ni responsabilidades. A eso hay que llamarlo *banalización de la intimidad personal.* Ya lo he comentado en otras partes de este libro. Dejar que sean los psicólogos o los psiquiatras los que digan qué es lo que hay que hacer con la vida sexual y dónde debe ésta ubicarse es un serio error. La ética debe darnos la respuesta: *La ética natural aspira a la felicidad y está —debe estarlo— por encima de la cultura, mientras que la moral descansa sobre códigos de conducta sociales que surgen en cada época.*

Cuando el amor es inteligente y metafísico, abraza la amistad y va más allá de ella. Se vuelve espiritual, se abre a la vida, no se agota en la pareja y convierte a ambos miembros en cooperadores divinos. Entender bien esto significa captar un aspecto que se encuentra en las entrañas mismas del amor verdadero.

Estamos viviendo en las últimas décadas un descenso de la cultura escrita en favor de la información audiovisual. Es una pena, pues también la cultura llega al amor y lo enriquece y mejora. Ya he comentado a lo largo del libro que es patético el analfabetismo sentimental en el que estamos inmersos, a lo que se añade la ceremonia confusa y pertinaz de las revistas del corazón, que una y otra vez alientan al brujuleo de noticias sobre rupturas, enlaces, noviazgos y situaciones escabrosas. La cultura de las revistas del corazón desempeña, pues, una función importante en la difusión y el contagio de modelos conyugales rotos. Esta circunstancia no puede pasar inadvertida.

Los tópicos se suceden y van de un sitio a otro. El amor se ha ido convirtiendo en sexo para muchos y, para otros, en algo casi imposible. *La decadencia y la poca importancia dada a la pareja y al matrimonio constituyen un signo característico de este final de siglo xx,* muestra de la confusa etapa que estamos viviendo. La cultura hace al hombre más libre; es el residuo que permanece después de olvidar todo lo aprendido, un estado del espíritu.

Por eso constituye el mejor medio para huir del fanatismo y a la vez lleva a buscar lo bello y verdadero. *La cultura convierte cualquier pirueta personal en algo inteligente.* Es el modo de hacer más habitable la sociedad, la política, la ciencia y cualquier ámbito humano; es el modo de adecentar la realidad que nos envuelve. Se trata de una auténtica *Weltanschauung*: una *cosmovisión* capaz de ofrecernos respuestas válidas a las preguntas esenciales. Cicerón y Horacio utilizaron la palabra *cultus* para aludir a todo lo referente a la disciplina y el cultivo de lo espiritual en el más amplio sentido.

En latín medieval, *cultus* significaba «disciplina de uno mismo», que integraba los conceptos de moderación e ideales caballerescos.

El secreto para mantenerse a flote en una sociedad tan compleja como la nuestra es tener cultura, *porque supone conocimiento de la realidad, criterio para saber a qué atenerse por encima de cualquier vicisitud.* La cultura es más una forma de ser que de tener. Su definición no se limita a la acumulación de conocimientos más o menos inconexos, sino a la posesión de criterios de conducta que pretenden construir un *hombre más completo.* La cultura nos ayuda a dar con el justo equilibrio entre la defensa de las propias raíces y las innovaciones que han ido aflorando, para poder circular libres y sin ataduras. [19]

La cultura es abrir los ojos y procurar tener respuestas para lo que sucede, buscando argumentos del pasado y del presente que lo puedan explicar. La incultura nos involucra en la cantidad de sucesos contradictorios que circulan e invaden los me-

---

[19] Durremat decía: «Malos tiempos corren cuando es preciso explicar lo evidente.» Enfatizar lo obvio refleja un estado de cosas presidido por la desorientación.

dios de comunicación. No es fácil abrirse paso certeramente y separar el trigo de la paja.

La cultura del amor es aquella que sirve como recinto de criterios sentimentales, donde se albergan dos ideas básicas: el saber a qué atenerse, por una parte, *y el tener una interpretación coherente y humana de los elementos de este sentimiento,* por otra. Ambos aspectos fundamentan al ser humano en una de sus principales raíces: la afectividad.

Cada persona adecua su amor según la cultura y la educación sentimental que ha recibido. Es el resultado de lo que hay dentro de cada uno. Aspirar a conocer los sentimientos en general y los propios en particular es una tarea obligada; conocer y conocerse.

Con estos elementos es posible trazar una *ciencia del amor;* ciencia que es rigor y arte, metodología estricta y sabiduría. Pero igual que sucede en cualquier disciplina científica, la *saturación* de datos y de información es tan grave como la escasez. [20] Manejar gran cantidad de información erosiona psicológicamente, salvo que uno sea capaz de poner orden en aquello que recibe y prescinda de lo

---

[20] El *síndrome de fatiga por saturación de información* se caracteriza por el agobio de cosas acumuladas, la tensión psicológica en forma de ansiedad y una cierta melancolía teñida de indiferencia. El conocimiento es poder, pero la información no. El lector apasionado de periódicos conoce muchas noticias, lo que no significa que sepa a qué atenerse. La excesiva información sobreexcita, mientras que la formación serena. Véase mi artículo con este mismo título de *El Semanal* (4-5-97).

anecdótico. Se ve mermada la capacidad de elección y la capacidad para comprender la realidad en su complejidad.

En la actualidad asistimos a un momento de transición entre la *educación*, la *cultura* y la *civilización*, tres conceptos distintos, pero con zonas en común. *La educación es la base para convertir a alguien en persona*, la *mayéutica*. Se trata del proceso para evitar la masificación, ser alguien impersonal y anónimo. La educación es necesaria, imprescindible, y la cultura es accesoria; la primera constituye el edificio; la segunda decora, crea un clima habitable. Mientras que la educación es preferentemente personal, la cultura se debe a la influencia de varios factores. *La civilización, por su parte, hospeda los dos conceptos anteriores.*

La palabra *civilización* deriva del latín clásico *civilitas*, «ciertas cualidades propias de los ciudadanos». Es el anhelo de un grupo humano por alcanzar lo inmutable, por poseer algo firme que perdure, por consolidar unas normas inmutables. El itinerario de la civilización va del caos al orden. Se opone, así, a la rusticidad y a la barbarie.

En la historia de la psicología de los últimos años hemos pasado de la *era de la melancolía* a la *era de la ansiedad*. Ahora estamos en la *era del desamor* o del *analfabetismo sentimental*, sobre todo masculino.

Por eso, hay que rescatar una *educación* y una *cultura integral*, capaces de armonizar este *amor tridimensional* del que estamos hablando: buen cono-

216

cimiento de la vida afectiva, aplicación de criterios inteligentes que mantengan fresco y lúcido el amor y, como puente entre ambos, la espiritualidad.

En conclusión, la educación y la cultura son las mejores armas para defendernos del fracaso en la experiencia amorosa.

IX. AMOR Y SEXUALIDAD

Los sentidos desempeñan un papel decisivo en la preparación y en la relación sexual completa. Actúan como estímulos que provocan una secuencia de excitación. La vista y el tacto son los sentidos que sirven a los estímulos sexuales, los que nos conducen a la seducción. Cuando no tenemos el objeto ante nosotros, es la imaginación la que nos lo proporciona. Ahí descansan en buena medida los llamados *lenguajes subliminares*, esto es, los que insinúan más de lo que en realidad significan.

En el mundo de la publicidad televisiva esto sucede a diario. La imagen que vemos dura unos segundos, pero tiene dos lenguajes: uno objetivo, más evidente y concreto, y otro subjetivo, escondido, que incita a imaginar más cosas de las que se ven. La propaganda comercial erotizada es hoy moneda corriente. Para sacar del letargo al receptor del mensaje se recurre, por ejemplo, a una chica joven,

219

esbelta, casi huidiza, sonriente, despreocupada, que disfruta y saborea la vida...

Pues bien, la vista nos muestra la belleza y los rasgos faciales y morfológicos de la persona; o sea, el *atractivo estático*. Cuando la observamos más tiempo, nítidamente, asistimos a la *belleza dinámica*, que es más rica, se compone de muchos matices, ofrece nuevos ángulos y perspectivas.

Hasta ahora la belleza del hombre ha sido menos importante que la de la mujer; pero en los últimos años, con el *boom* de la moda masculina, ha despertado un notable interés. Los modistos cuidan este tema con exquisito esmero. Los maniquíes de las tiendas son cada vez menos masculinos.

El acto sexual se inicia con ternura, que es como una atención delicada y sutil a través de la cual dos personas se miran, se detienen la una en la otra, se encuentran. Es la mejor versión sentimental que uno lleva dentro, y se manifiesta a través de los modales. El principal elemento de la ternura son las caricias: mimos, gestos suaves y de tacto atento, que giran en torno al beso, primero lento y parsimonioso, y después apasionado y vibrante.

Las caricias y los besos dejan en un segundo plano a las palabras. Se trata de otro lenguaje. La piel cobra aquí un especial relieve, pues su estímulo erótico es muy importante, lo mismo que la boca y los genitales externos e internos femeninos. Es importante que el descubrimiento de la intimidad corporal que se produzca sea ceremonioso, lento, sucesivo.

Marañón expresa esto así:

«El primer amigo profundo del hombre fue, pues, sin duda, la mujer: la mujer antes de serlo; cuando era sólo *hembra, escogida al azar, para satisfacer el hambre del instinto,* a medida que éste urgía. Pero una mañana remota y memorable, cuya fecha representa infinitamente más para el progreso humano que todos los descubrimientos de nuestros siglos, ocurrió este maravilloso suceso: *al levantarse el hombre,* bronco e hirsuto, de su lecho de hierbas, *después de haber cumplido con la hembra* que estaba a su alcance la ley del instinto; reposado por el sueño de esa tristeza que invade al animal después de amar, se sintió transido de una tristeza mayor, que era el tener que *abandonarla. Y volviéndose a ella, que aún dormía, brilló en sus ojos, desde el fondo de las cuencas redondas, por vez primera en la historia del mundo, una luz maravillosa, que era el amor;* que sólo se enciende cuando el ímpetu del instinto se ha apagado, porque se ha satisfecho.» [1]

LA PREPARACIÓN DEL ACTO SEXUAL

En las primeras experiencias eróticas, la vibración y emoción de estos momentos suelen ser inolvidables. Se trata de sensaciones gratificantes, que van preparando el apasionado encuentro. Es un intercambio subjetivo y singular, cuerpo a cuerpo, pero sin olvidar los aspectos psicológico, espiritual y cultural. Un hombre y una mujer se detienen el uno

---

[1] Obras Completas, tomo IX, Espasa Calpe, Madrid, 1973.

frente al otro; dejan a un lado sus asuntos habituales, se desnudan recíprocamente y se unen. Es esencial que, con el paso del tiempo, no se descuiden los ingredientes sutiles que ponen de manifiesto la categoría humana de la persona.

Se va produciendo a través del tacto, los besos y el roce de los cuerpos una experiencia placentera, voluptuosa, que embriaga. De la caricia general se pasa a zonas concretas. Sería interminable hacer un inventario de las caricias, pues las formas en que éstas se producen son ricas y variadas.

LA SEXUALIDAD INTELIGENTE: CORAZÓN Y CABEZA BIEN CONJUGADOS

La relación sexual, lo hemos dicho, debe desenvolverse lentamente; cuando es rápida, brusca, sin modales, no se produce realmente una relación humana, sino sólo física, el puro contacto de dos superficies genitales. A largo plazo, esto crea distancia, además de conducir a la eyaculación y el orgasmo del hombre sin apenas participación de la mujer.

Toda esta primera etapa de la relación sexual debe ser como un rito elegante, gradual y ascendente, que apunta al éxtasis del orgasmo final. Cada sujeto se retrata en este plano; es más, podríamos decir que uno refleja en el acto sexual aquello que lleva dentro.

La pareja va adquiriendo con el paso del tiempo un aprendizaje, gracias a la continuidad y constancia de sus relaciones. Se acumulan paulatinamente los mejores hábitos sexuales. El buen gusto y el tacto psicológico la conducirán a un acoplamiento cada vez mayor.

Toda esta experiencia debe estar presidida por la naturalidad, mezcla de espontaneidad, sencillez y ausencia de rebuscamiento. Se crea así un clima emocional en busca del deseo, *unos momentos de máxima intimidad y entrega.*

Por eso, tras el orgasmo, hombre y mujer deben seguir pendientes el uno del otro. La separación brusca de los cuerpos en tales momentos es un mal final, ya que traduce poca ternura. *El acto sexual más completo es aquel que se prolonga tras el orgasmo, manteniendo unida a la pareja en un abrazo que parece interminable.* El estado de relajación que se produce puede culminar en un sueño sereno y reparador.

En muchos casos, los trastornos de la relación conyugal se deben principalmente a conflictos en el plano sexual. Veamos el siguiente caso clínico.

Se trata de un matrimonio formado por un hombre periodista, de 31 años, y una mujer, economista, de 28. Se han casado después de tres años de noviazgo.

Ella nos cuenta: «Yo nunca le di mucha importancia al tema sexual, quizá como reacción a tanto sexo como nos meten por todas partes. Mi viaje de novios fue malo en este sentido. Desde el principio la cosa no funcionó. Mi marido quería tener relaciones íntimas un par de veces al día y a mí me dolía la penetración, lo que hizo que desa-

223

rrollara una *vaginitis*, según me dijo al médico que consulté en ese momento. De ahí pasé a no sentir placer y a rechazar las relaciones. Fue terrible. Ahora, me impresiona recordar lo que tuve que pasar hasta enterarme de este tema, al que yo le restaba importancia. Por este motivo vinieron discusiones, riñas, malas caras y una falta de entendimiento que ha durado casi dos años.»

Y continúa: «Quiero curarme. Mi marido dice que esto es una enfermedad y que él sufre mucho, pues cualquier matrimonio normal tiene relaciones frecuentes satisfactorias. Las nuestras son esporádicas y malas, sobre todo por mi parte.»

Por su parte, el marido afirma: «Yo he intentado ayudarla, pero ella lo que me pide es que no tengamos relaciones sexuales hasta que se ponga bien y necesite estar conmigo... Y eso puede ser larguísimo, pues no veo en estos dos años ningún avance. Fuimos a un psicólogo. No conectaron entre ellos y no hubo resultados. Yo puse de mi parte para ayudarla, prepararla mejor, ir más despacio... en definitiva ser más afectuoso, pero ni así.»

Iniciamos con ella una psicoterapia breve para desbloquearla en el aspecto sexual y hacerle entender que las relaciones íntimas en la vida conyugal tienen una enorme importancia. Para ello utilizamos una *técnica cognitivo-conductual* que facilitó la mentalización, pieza clave de la cuestión. Asimismo, se le sugirió alguna técnica sexual para evitar la contracción de las paredes vaginales (*vaginismo*) y la subsiguiente *frigidez*, que eran los principales síntomas físicos. En cuanto a los síntomas psicológicos, seguimos nuestro habitual *programa de conducta bi-*

fronte, que dio buenos resultados al cabo de seis semanas.

Ya en una fase de franca mejoría, ella nos confesó:

> «He aprendido mucho. Sobre todo me he dado cuenta de que tenía unos conceptos falsos en mi cabeza y, además, que necesito aprender a relacionarme sexualmente con mi marido. Quizás en eso radique la mejoría. También en no darle importancia a los fracasos que vaya teniendo hasta entenderme bien con él y en saber que la generosidad tiene aquí un papel importante, porque aunque esté cansada o no me apetezca, he de procurar vencerme, porque sé que a él le apetece.»

El cambio de criterios que observamos es algo muy positivo. El acoplamiento sexual es un trabajo que consiste en armonizar dos personalidades, para que cada una sepa expresar y pedir relaciones íntimas, con una mezcla de espontaneidad y complicidad. La tarea lleva tiempo y requiere esfuerzos repetidos de adaptación. *Adaptarse es, en gran medida, el arte de ceder.*

LA EDUCACIÓN SEXUAL

Es muy frecuente que en los mal denominados *libros de educación sexual* aparezcan técnicas sexuales de los más variados tipos. Sin embargo, casi ninguno aborda el tema de la *espontaneidad sexual*, es decir, de la capacidad de abordar el encuentro con naturalidad, desenvoltura, sin estrategia previa. *La vida sexual de la pareja es algo que irán inventando ambos miembros a medida que adquieran los hábitos que de ella se derivan.*

La auténtica *educación sexual*, caracterizada por la *información* y la *formación*, es indispensable. Pero no la sofisticación milimétrica y artificial, que tras un periodo más o menos largo puede desunir a la pareja, ya que ambos se ven más como amantes que esposos.

Hombre y mujer se encuentran en la profundidad de sus personas a través del contacto íntimo; pero mientras los impulsos sexuales masculinos son rápidos, los femeninos tienen un ritmo más lento y requieren una preparación adecuada, tranquila, sin prisa. De ahí que muchos hombres consideren que las caricias son insignificantes y se olviden de ellas, con lo que impiden que la mujer sienta placer y participe del acto sexual de forma gratificante. Es en este desfase donde se inician muchos conflictos, sobre todo cuando el hombre desconoce el tema o lo soslaya.

El egoísmo masculino aparece a veces en los momentos íntimos; otras veces es la torpeza o la carencia de sensibilidad la que causa insatisfacción en la mujer, que entra en un laberinto de vaginismo y/o frigidez que, de no remediarse a tiempo, pueden producir una situación grave. Conocer las *curvas de excitación del hombre y de la mujer*, sus ritmos, permitirá evitar estos desarreglos. Quemar etapas, ir deprisa o buscar el desahogo rápido del hombre conducirán sin duda al fracaso del acto sexual.

Veamos a continuación el siguiente caso.

Matrimonio —formado por una mujer de 39 años y un hombre de 44— que lleva 18 años casados y tiene cuatro hijos. La relación entre ellos ha sufrido altibajos importantes, con etapas claramente diferenciadas. En los momentos normales, y también en los más difíciles, la relación sexual ha sido mala en tres aspectos: *frecuencia, intensidad y gratificación recíproca.*

Nos dice él: «Nuestra relación sexual no ha sido buena desde el principio por culpa de los dos. Yo la buscaba a todas horas, pero he sido siempre demasiado rápido, no supe adaptarme a su ritmo y la cosa no funcionó. Por otra parte, me he enterado tarde de que la preparación de la mujer es importante. Ése ha sido mi error. Pero mi mujer no me ha facilitado las cosas porque siempre ha puesto dificultades y excusas: "Estoy agotada, creo que ahora no es momento", "¿No te das cuenta de lo ocupada que estoy?" Esto ha sido fuente de conflictos y de que yo me encierre más en mí mismo, no le hable y pasemos días sin casi dirigirnos la palabra.»

Ella, por su parte, nos cuenta lo siguiente: «Las primeras relaciones íntimas con mi marido fueron malas, porque yo no sentía nada. Me excitaba un poco, pero no llegaba a experimentar verdadero placer. Al principio no me atreví a decírselo, y cuando se lo dije reaccionó mal. Fue nuestro ginecólogo quien le dio algunos consejos y la cosa mejoró algo, pero su falta de ternura, su egoísmo y en

227

algunas ocasiones la eyaculación precoz hicieron que nos entendiéramos mal.»

Y continúa: «Él es machista, aunque se enfada cuando yo se lo digo. Considera que la mujer tiene que estar casi al servicio del hombre, y en el tema sexual mucho más. Bien es verdad que yo en los primeros tiempos, al no sentir placer, lo rechazaba, y esto se fue haciendo un hábito. Después, diferencias de criterio, discusiones, malos entendidos... han ido sumándose. Estoy dispuesta a entregarme a él casi siempre que me lo pida, pero hay dos cosas que no admito: una, que sólo sea cariñoso conmigo cuando quiera tener relaciones sexuales; otra, que me trate en esos momentos como si fuera una cosa...»

En este caso, la psicoterapia tuvo dos objetivos superpuestos: uno puramente sexual y otro psicológico, que aspiraba a una mejor compenetración entre ellos. La buena predisposición y el reconocimiento recíproco de las carencias o defectos fue la clave para superar el pasado y lograr una mayor solidez en la pareja.

LA SEXUALIDAD COMO ENCUENTRO PERSONAL

Como hemos dicho antes, cuando la relación sexual es tan sólo contacto entre dos cuerpos que buscan el placer, no se puede hablar de un auténtico *encuentro personal*, en el que prima la afectividad. Si bien en el animal el instinto sexual es el mecanismo por el que busca el placer por encima de todo, en el ser humano maduro deberán existir otros motivos más profundos capaces de encauzar los estímulos sexuales hacia la mejor configuración de uno mismo. Por eso podemos afirmar que *el animal está regido por los instintos, mientras que el hombre lo está por su inteligencia y su voluntad.*

Algunos libros, como *Las fuentes del placer* [2] de Haroun Al-Makhzoumi, exaltan el placer por sí mismo, sin más. Se trata de ascender a la cima eróticosexual. Sin embargo, en esas pasiones el hombre suele perderse a sí mismo, olvidarse de que es humano y alejarse del camino de la felicidad.

El *Kamasutra,* por su parte, fue escrito por Vatsyayana en el siglo V y consiste en un catálogo de posturas, técnicas y preparaciones para la relación sexual. En él se utilizan símbolos que pretenden explicar la importancia del placer: el enlace de las lianas, la brisa que mece los árboles frondosos, el abrazo de la vegetación exuberante... Pero, ¿consiste la felicidad sobre todo en la obtención de placer? Esta visión es reduccionista, de escasas perspectivas y, a la vez, olvida la verdadera grandeza del amor.

Decir que la sexualidad se limita al coito supone ver sólo una vertiente del acto sexual. Esta concepción degrada la relación íntima a un encuentro puramente físico, carnal, y da la espalda a otros ingredientes decisivos.

En las publicaciones sobre sexualidad se anuncia como panacea la felicidad a través del sexo. En

---

[2] Temas de Hoy, Madrid, 1989.

el *erotismo* la búsqueda sexual se disfraza y camufla en forma de arte o, incluso, de cultura; es un pretexto para favorecer el consumo de sexo. En la *pornografía*, por contra, todo es más directo y claro: sexo porque sí se considera un objeto desvinculado de cualquier riqueza psicológica.

OBSERVACIONES PRÁCTICAS PARA LAS PAREJAS CON DEFICIENCIAS EN LA RELACIÓN SEXUAL

Como ya hemos comentado la espontaneidad ilustrada o mínimamente ilustrada es la mejor técnica sexual.

Existen parejas que desde el principio tienen dificultades para establecer una sexualidad armónica. Muchos son los factores que ocasionan dichos problemas; entre otros: el temor a quedar embarazada, el miedo al fracaso... Es preciso buscar la causa del problema, concretarlo y después ensayar la corrección adecuada.

Una de las causas más frecuentes es la dificultad de la mujer para experimentar el orgasmo. Entre las técnicas más habituales para excitarla y darle placer cabe destacar la de estimulación manual del clítoris, así como ésta en combinación con la penetración. Y todo ello acompañado de caricias.

La respuesta sexual de la mujer tiene cuatro fases: excitación, meseta, orgasmo y resolución. Esta división, útil desde el punto de vista descriptivo, puede provocar confusiones.

1.	*Fase de excitación.* Con la *estimulación progresiva*, se ponen turgentes los pezones, la aréola mamaria se dilata y oscurece, el clítoris aumenta de tamaño y los labios que rodean la vagina se reblandecen y espesan. Al mismo tiempo, esos tejidos se ven invadidos de un fluido que lubrifica las paredes vaginales. Si el hombre intenta la penetración antes de que la mujer esté lubricada, se producirá un coito doloroso (*coitalgia*).

2.	*Fase de meseta.* La mujer ha logrado sentir en su interior el pene erecto del hombre. Es el momento más placentero, por eso el hombre debe prolongarlo, como una preparación hacia el orgasmo, y facilitarle este camino a la mujer acariciando delicadamente la zona del clítoris o recurriendo en algún caso al *cunnilingus.* Es aconsejable también que el hombre procure controlar en la medida de lo posible su eyaculación, para lo cual evitará realizar movimientos con la zona abdominal y con el pene.

En algunas mujeres con escasa secreción y esponjosidad de sus paredes vaginales, recomendamos la utilización de alguna crema hidratante inocua, que supla esa carencia y que se aplique poco antes de comenzar las relaciones íntimas.

3.	*Orgasmo.* Es una intensa sensación de placer difícil de describir. Al principio se localiza en el interior de la pelvis, pero después se extiende a todo el cuerpo. Los sentimientos quedan suspendidos. *El orgasmo es una reacción refleja secundaria a una serie de estímulos progresivos directos y/o indirectos.* El cerebro, órgano rector que transmite a las zonas musculares de la pelvis y territorios próximos esas

231

sensaciones de placer, es el encargado de gobernar tales mensajes.

4. *Resolución.* Constituye la etapa final. Si el acto sexual ha sido satisfactorio y ha funcionado adecuadamente, queda una sensación de relajación física y de sedación de tensiones psicológicas.

Otra observación práctica interesante es saber *encontrar el momento oportuno para tener relaciones íntimas.* [3] El cansancio excesivo, por ejemplo, convierte el encuentro íntimo en un desahogo. El hombre *va directamente a la penetración* y es normal entonces que se produzca la *eyaculación precoz*, si estaba previamente muy excitado, con lo cual el acto sexual es brevísimo y la mujer no tiene tiempo de sentir nada. Se produce, pues, la frustración y el desencanto.

EMBARAZO Y CONDUCTA SEXUAL

Muchos son los factores que influyen sobre la sexualidad humana. Entre otros, el embarazo de la mujer.

Las relaciones sexuales durante el embarazo han de mantenerse en los momentos psicológicos más adecuados y en las posturas que mejor las faci-

---

[3] Cuando la relación de pareja funciona bien, hay dos conductas positivas: una, utilizar de forma adecuada el *lenguaje no verbal* para insinuar, sugerir y proponer relaciones íntimas; otra, tener el don de oportunidad y asumir de buen grado su aplazamiento, si fuera necesario, sin provocar una discusión innecesaria.

liten. La mujer va a vivir una serie de cambios propios del estado de gestación: aumento de *estrógenos* y *progesterona*, así como de las globulinas ligadas a los *estrógenos* y *andrógenos*. Estos cambios hormonales y metabólicos se acompañan de otros internos como la extensión progresiva del contorno mamario, el crecimiento del abdomen, las denominadas contracciones de Branxton Hicks que se dan a lo largo de todo el embarazo... Asimismo se registran modificaciones psicológicas: mayor sensibilidad, mayor necesidad de ternura, disminución de la libido...

Muchas mujeres piensan que es perjudicial para el embrión mantener relaciones sexuales; sin embargo, es un error frecuente que no tiene base. Para muchas otras, la vergüenza que sienten por su pecho grande y caído, así como por su voluminoso abdomen, les lleva a no querer estar con su pareja.

La mayoría de estos problemas tiene fácil solución, sobre todo si se extreman la ternura y la delicadeza.

X. CUANDO FALLA LA BASE SENTIMENTAL

Hoy en día, los jóvenes retrasan la edad de su compromiso conyugal, entre otras razones, por la cantidad de crisis y rupturas que observan. Presencian o tienen noticias de separaciones, divorcios... conocen gente que ha perdido el valor del amor como poesía, porque va hacia él sin argumentos, sin preparación. Las consecuencias, a largo plazo, se harán notar.

El buen amor se hace como el buen vino: necesita reposo y buenas cubas donde criarse, una temperatura adecuada y tiempo; pero lo más importante es la calidad de la uva. Asimismo, para estar con alguien hay que saber estar primero con uno mismo. Conocernos lo suficiente para tener más posibilidades de acertar en la elección. Veamos un caso clínico como ejemplo:

Se trata de un matrimonio de clase media. Él, abogado, tiene 38 años, y ella, economista, 35. La que pide hora en la consulta es ella. Y nos cuenta lo siguiente:

«Mi marido no sabe que he venido, ni puedo comentárselo bajo ningún concepto, porque sería peor. Tengo un problema muy grave con él y soy consciente de que necesito solucionarlo, aunque lo veo cada vez más difícil. Hace unos días tuve unas taquicardias fuertes, muy exageradas, y tuve que ir a urgencias, pues me puse fatal. Me dijeron que era tensión emocional; no me encontraron nada físico.

»Llevo casada quince años. He sufrido malos tratos psicológicos y, en menor medida, físicos. Me ha sido infiel varias veces y para él eso es normal; incluso dice que yo también puedo hacerlo, que no pasa nada... que las cosas son así y que no hay que alarmarse.

»Nuestra crisis como pareja se remonta a hace ya cinco o seis años, aunque yo desde el principio me di cuenta de que me había equivocado. Yo he sido siempre una persona muy religiosa. Cuando conocí a mi marido, me cayó muy bien y me pareció alguien interesante, muy seguro de sí mismo... pero no era creyente, se había distanciado de esto. Me gustaba hablar con él, por su inteligencia y su cultura, aunque percibía que era una persona difícil y complicada. Se me fue metiendo en la cabeza y, cuando quise darme cuenta, me había enamorado de él.

»A mis padres no les gustaba nada, pues tenía unas ideas casi opuestas a las nuestras. Yo pensé que cambiaría, que yo podría influirle y traerle a mi terreno. Pero no tenía picardía y le contaba todas las cosas que decían en mi familia de él. Empezaron a surgirme problemas morales, pues esta relación me obligaba a revisar mis criterios de conducta. Intenté olvidarlos y, finalmente, opté por echarlo todo por la borda y apostar por él.

236

»Poco antes de la boda, salí algunas veces con otro chico y se lo conté a mi futuro marido. Entonces me dijo que algo se había roto en su interior y tiempo después me confesó que se casó conmigo con serias dudas. Los primeros años fueron muy difíciles. Él es autoritario y perdió el control conmigo. Yo seguía y sigo manteniendo mis criterios morales y religiosos y he recibido críticas muy duras, a veces demoledoras, de su parte.

»Nuestra comunicación siempre ha sido muy complicada. Su carácter frío, distante y descreído empeora las situaciones. Fue a los tres o cuatro años de nacer mi primer hijo cuando decidí plantarle cara y decirle que no podía más. Me sentía insatisfecha. Los roces en la forma de educar a los niños, el aspecto religioso, las permanentes críticas a mi conducta...

»Él me obligaba a ser una persona sumisa, aunque lo negaba y decía que eran cosas mías; me tachaba de poco moderna, cuando yo me considero abierta y amplia de miras. Éste no era el matrimonio que yo quería para mí. Sabía que la relación de pareja era difícil, pero no creía que pudiera llegar a tanto.»

Cuando le preguntamos respecto a los principales puntos de conflicto, señala los siguientes:

1. «Las relaciones con nuestras respectivas familias políticas: los malos gestos y las malas situaciones han estado a la orden del día.

2. »La educación de los hijos: tenemos dos modos muy diferentes de entender algo tan fundamental.

3. »Las relaciones sexuales: han sido deficientes a lo largo de algunas etapas, cuando él me

utilizaba, yo me negaba a tener relaciones y todo ello provocaba discusiones, silencios, días sin hablarnos, malas caras.

4. »El tema religioso: es imposible el acuerdo. Él ha llegado a decirme que yo puedo tener relaciones sexuales con otros hombres si me apetece, que no es nada malo. De esta forma justifica su conducta en ese sentido. Para mí la vida tiene un sentido trascendente, que él ha llegado a ridiculizar. Él presume de no ser creyente, de tener una "moral distinta de la tuya, más permisiva y liberal". Me doy cuenta de que su vacío moral se proyecta en toda su vida, aunque no quiera reconocerlo.

»Además, por si fuera poco, en cada bache ha insistido en el divorcio: "No pasa nada, hay mucha gente que lo hace, ¿por qué nosotros no?"»

Le comento que es básico hablar con él y buscar en ese encuentro la posibilidad de acercar posturas mediante un programa de conducta. Ella me responde: «He pensado mucho en esto y he llegado a la conclusión de que no es viable que venga a verle. Puede hacerlo sólo para decir que yo estoy mal, pero él no aceptaría someterse a ningún tipo de tratamiento dirigido por un médico y menos por un psiquiatra. Es muy prepotente. Incluso podría ser devastador contra mí. Si usted insiste en que él debe venir a consulta a hablar con usted, veo que lo nuestro no tiene solución... Yo lo que quisiera es aprender a mantenerme en un punto de equilibrio adecuado. ¿Puede usted ayudarme con algunas técnicas específicas?»

Creo que estamos ante un caso bastante paradigmático en el que falla la base fundamental del matrimonio: el proyecto en común. En toda vida conyugal es decisivo tener *ideas y criterios comunes, esenciales*; cuando las creencias son muy distintas y los objetivos dispares, acaban surgiendo desavenencias. Y el resultado puede ser definitivo.

En muchas ocasiones se piensa *a priori* que estando juntos todo cambiará y será distinto, pues la vida es muy larga y las cosas se van corrigiendo. Pero desde un punto de vista personal y también profesional pienso que no es así. Los problemas existen y se añaden otros derivados.

En el caso que nos ocupa, y a pesar de las dificultades, logramos que el marido viniera a la consulta. La primera entrevista resultó mejor de lo esperado, sobre todo porque fue una sesión catártica[1] y no se tocó el tema de su conducta y su personalidad.

Toda terapia de pareja es a la vez *ciencia y arte*, como cualquier otro acto médico. Y la *psicoterapia*, particularmente, es el *arte de la palabra dicha y escuchada*, la capacidad para reorientar los argumentos y las conductas hacia posiciones más maduras y equilibradas.

Este caso comentado mejoró gradualmente y pienso que ello fue debido, en buena medida, a una relación muy positiva conmigo y con las personas

---

[1] Esta palabra procede del griego *catarsis*, que significa «liberación». El desahogo consiste en una explicación minuciosa y, por supuesto, subjetiva, de cómo ha ido desarrollándose el problema. En psiquiatría es fundamental seguir con atención el relato, en silencio, viendo las etapas, los matices y el perfil de la geografía de esa información; es decir, su texto y contexto.

de mi equipo. *El arte de hacerle ver a alguien sus errores psicológicos con delicadeza, suavidad y proponiéndole una salida de más categoría.* La psicoterapia es una de las facetas más apasionantes del psiquiatra y del psicólogo. Se atraviesan pasadizos secretos y se establecen alianzas notables, que buscan acuerdos y mejorías. Ahí, el psicoterapeuta da lo mejor de sí mismo: su personalidad y los contenidos que se hospedan en su interior.

ACERTAR EN LA ELECCIÓN

No acertar en la elección del cónyuge es uno de los errores básicos, elementales, del proceso afectivo. Las razones psicológicas que conducen a seleccionar a alguien son complejas y manejan resortes muy variados, que conviene analizar. En esta operación psicológica, más que en ninguna otra, podemos deslumbrarnos a la primera impresión y ser incapaces de mirar más allá de lo que en ese momento se anuncia. *La cultura del amor está viviendo una época confusa, en la que da la impresión de que todo vale.*

Desconocemos lo más elemental de los sentimientos, unos sentimientos que «no tienen ni pies ni cabeza», como dice la expresión popular. No saben a dónde van y en ellos reina una escandalosa ausencia de inteligencia, tan fundamental a la hora de pretender que la afectividad esté bien estructurada y consolidada, para que no se venga abajo con el paso del tiempo y los roces que cualquier convivencia implica. Pero antes de que esos sentimientos se orienten hacia una dirección concreta y lo racional sirva de brújula en su inspiración, hay que escoger a la persona más idónea para compartir la vida con ella. Eso sí que es difícil, sobre todo cuando somos jóvenes y no se cuenta con experiencia. *No hay verdadero amor sin elección*: elegir a alguien es preferirlo, destacarlo sobre los demás, aprobarlo interiormente. Por eso es bueno *tener un modelo* previo, para aproximarnos a aquello que vamos buscando. También *el amor del flechazo* es electivo, lo que sucede es que va más deprisa. En tales momentos, se suele pensar: «Esa persona me gusta, me sorprende gratamente y con ella me plantearía algunas cosas importantes de cara al futuro.» Así se inicia el flechazo, aunque luego, cuando las aguas vuelven a su cauce, dan paso a sentimientos más reposados que a veces no llegan al final. En una sociedad tan materialista y artificial como la nuestra, el flechazo es menos frecuente y depende más del tipo de persona, de si es o no propensa a este tipo de enamoramiento. [2]

CONOCER LOS PROPIOS ESTADOS AFECTIVOS

En la vida estamos siempre aprendiendo. Los sabios griegos decían que el principio de la sabiduría es la conciencia de la propia ignorancia. La vida

---

[2] Hay personas enamoradizas, cuyos sentimientos están en la superficie y se ponen en juego ante ciertos estímulos concretos: belleza, sensibilidad excesiva, afectividad desbordante...

debe apoyarse en ciertos pilares, y uno de los más importantes son los sentimientos, que dotan a la existencia de solidez o fragilidad, firmeza o vulnerabilidad, que, antes o después, dejarán su huella indeleble. La trayectoria humana y personal nunca puede ser rectilínea, de ahí la variedad de sensaciones y sentimientos: plácidos, repletos de inquietud, intensos... Cuando existe una buena conjunción entre lo afectivo y lo intelectual, uno está dotado de una buena base y entonces no se juega la vida emocional a una carta. La serenidad permite pensar, tener las ideas claras y contrastar con la propia experiencia.

Hoy estamos viviendo una evidente ignorancia en este campo. ¿Dónde se habla de educación sentimental? ¿En qué sitios se enseña? La información sentimental existente es muy débil, superficial. Es, más bien, un sentimentalismo superficial y facilón, que deslumbra sin iluminar. Y esta ignorancia se paga muy cara cuando el *proyecto personal* se tambalea y afecta a la vida conyugal.

La educación en Occidente, tal como ya he comentado, ha favorecido la razón abstracta, dejando muy de lado la parte afectiva. En la historia del pensamiento, de hecho, la afectividad suele aparecer de soslayo, para en seguida volver a desaparecer. Sin embargo, *el amor inteligente es aquel que funciona combinando corazón y cabeza, para dirigir el proyecto personal bien consolidado entre amor y trabajo.* Es el amor con conocimiento, porque también los sentimientos son educables y se deben cultivar. Desde hace algunas décadas estamos transmi-

242

tiendo un *modelo afectivo desacertado* por el cual sólo hay que dejarse llevar por la magia del amor. Este error de concepto está trayendo unos resultados muy negativos.

Desde mi punto de vista, según mi experiencia personal como psiquiatra, como explorador de intimidades ajenas, el analfabetismo sentimental es más propio de hombres que de mujeres, al menos en Occidente. La mujer tiende más a lo afectivo que a lo racional. Lo lógico sería que existiera una complementación, pues la razón sin afectividad es una mala apuesta, ya que empobrece al ser humano, y la afectividad sin razón conduce a un amor sin futuro.

LOS SENTIMIENTOS SON PERFECTIBLES Y DEFECTIBLES

En las personas poco maduras suele darse con demasiada frecuencia un desfase entre lo real y lo figurado. Por tanto, para compensar ambas realidades, es necesaria una vez más la inteligencia. Es evidente que, cuando alguien se está enamorando, la imaginación vuela más, pero es llamativo el deseo constante de salirse de la verdad de los hechos e ir más deprisa mentalmente que el propio proceso. Paul Jagot, en su breve libro *Psychologie de l'amour*, menciona el papel de los instintos, que ordenan y se imponen con pasión, arrastrándonos con su energía. André Maurois, en *Cartas a una desconocida*, describe la *perennidad* de los sentimientos y a la vez cierta *fugacidad* que se manifiesta con demasiada frecuencia. En la actualidad no existe el mismo tipo de dependencia emocional que en épocas anteriores y el convencionalismo no impone cumplir con determinados ritos sociales, como el casamiento a toda costa, sea como sea y cueste lo que cueste. Hoy, que se puede optar por el amor auténtico, no se practica. Nos conformamos con una imagen o un amor demasiado ficticio y engañoso. Lejos de progresar, hemos abandonado el conocimiento que el Romanticismo, entre otros periodos, tenía de esta materia. Muchos son los ejemplos al respecto. Desde mi punto de vista, *Pepita Jiménez* de Juan Valera ofrece todo un recital sobre la exploración en torno al proceso de enamoramiento de una persona, visión sugerente y que conduce a la llamada *cristalización* en el sentido de Stendhal, de la que ya hemos hablado. Otras dos grandes obras que estudian los sentimientos y hablan de la educación sentimental de una época concreta son *Fortunata y Jacinta*, por un lado, y *Misericordia*, por otro, ambas de Galdós. También Clarín deja su particular sello en *La Regenta*. Galdós construye unos personajes elaborados que describen magistralmente el mundo de la clase media española, hasta entonces olvidada en la literatura de su tiempo.

Otros autores europeos de esta época tuvieron también aciertos evidentes en la descripción del amor y de los sentimientos. Desde Flaubert hasta Dostoievski, pasando por Dumas, Balzac, Lord Byron... El rico lenguaje amoroso y las situaciones se complican merced al esfuerzo del novelista, que juega, manipula, ensaya, disfraza y distorsiona la realidad.

En la vida de la pareja todo gira alrededor de pequeños detalles cotidianos, capaces de romper la estabilidad de la misma. Pero, a la larga, esas mismas nimiedades, esos fragmentos leves e intrascendentes serán los que consigan unir ambas psicologías, para ir logrando equilibrio, asentamiento, consistencia, solidez. La convivencia se convierte así en un espacio tranquilo, de reposo, en el que predomina y reina la comprensión, el nido de la compenetración, fruto del esfuerzo constante de años durante los cuales cada uno ha puesto lo mejor de sí mismo.

Con frecuencia observamos parejas con una base sentimental y psicológica débil, de poca consistencia. Y pensamos que será una *historia sin futuro*. Veamos algún caso real e ilustrativo al respecto.

Mujer andaluza, de 28 años, de clase alta. Educada en un ambiente cómodo, sin grandes exigencias culturales ni profesionales, ha salido con bastantes chicos, pero de un modo informal. Durante unos años ha tenido un novio, pero al final esa relación terminó rompiéndose.

«Y me encontré en una situación difícil: todas mis amigas se habían casado y tenían ya una estabilidad afectiva. Empecé a preocuparme y a pensar

245

que me quedaría soltera, cosa que nunca se me había pasado por la cabeza. En mi familia surgió también esa preocupación y, como sin quererlo, me preguntaban si salía con alguien, lo mismo que mis amigas.

»Hice un viaje por el extranjero con un familiar mío, tratando de distraerme, pues me encontraba mal. Poco después conocí a un chico y empecé a salir con él. Me agradaba, era correcto y educado, cumplía "las normas establecidas" por mi familia... Pero no estaba enamorada de él. Me lo pasaba bien con él, me sentía protegida y, sobre todo, tenía a alguien que me sacara y que se ocupara de mí.

»Y así fue pasando el tiempo. Debí cortar en ese momento, pero no me atreví. Oí en mi familia cosas muy positivas de ese chico, y cuando quise darme cuenta estaban hablando de boda. Fui entrando en el tema de unirme a él, sin estar convencida, pero pensando: "Con el tiempo el amor surge y va a más."

»Nuestro matrimonio fue un desastre. Desde muy pronto no funcionó. Discusiones, enfados, enfrentamientos... Me casé por decir que me había casado y por la gente. Aunque físicamente es bien parecido, no me gustaba ni su forma de ser, ni su ambiente...

Este caso es ilustrativo de una situación muy común hasta hace unos años que hoy ha cambiado en casi toda la geografía: el matrimonio como imagen, como elemento de resonancia social. Una mujer inmadura, determinada emocional y afectivamente por el ambiente. En otros casos los hechos se suceden de modo distinto. Veámoslo.

Hombre de 34 años, soltero «cotizado». Pertenece a una familia de clase social alta. Ha tenido relaciones con distintas chicas, pero nunca demasiado en serio.

«Tardé en casarme, porque no tenía prisa. He disfrutado mucho de la vida y siempre me ha gustado vivir bien, aunque creo que también sé trabajar. Conocí a mi mujer, que es extranjera, en un viaje que ella hizo a España. Al principio fue como en otros casos: una experiencia sin profundidad, ya que yo no quería comprometerme. Tuvimos relaciones sexuales muy pronto —yo para esto siempre he sido una persona muy directa—, aunque ahora veo que ha sido negativo para mi vida conyugal.

»Yo no quería, me resistía a casarme, pero fue su familia la que de un modo más o menos sutil sacó el tema. Reaccioné desapareciendo durante una breve temporada y mostrándome frío. Ella me atraía sexualmente, pero no me llenaba.

»Pienso que una cosa es ver a una persona unos días en plan de relax, tranquilo, y sabiendo que no hay nada por medio y otra, muy distinta, la responsabilidad de la convivencia. Pronto vi que la vida matrimonial era más difícil de lo que había pensado de soltero y que yo estaba acostumbrado a mi independencia, a hacer mi voluntad... y noté como una losa el tener que someterme.

»De otra parte, no queríamos tener hijos de entrada. Nuestra vida en común fue entrando en una situación de enfriamiento progresivo que duró casi tres años. Yo empecé a volver a mi vida de soltero: salidas, viajes, relaciones con otras mujeres... La madre de mi mujer se fue dando cuenta de nuestra situación como pareja y trató de aleccionarme en cuestiones morales, pero a mí esto siempre me ha resbalado. También por parte de mi familia hubo una reacción parecida, pero menos fuerte.

»Y así fue todo hacia el desastre, hasta la separación amistosa. Somos personas educadas y hubo relativamente pocas situaciones de alta tensión. Pienso que nunca debí casarme. El final fue duro, porque tuve que oír muchas cosas negativas sobre mi forma de ser y mi personalidad.»

En este caso, el dilema se plantea de forma diferente. Un tipo de vida como la descrita, radicalmente independiente, sólo puede ser truncado por un amor fuerte y auténtico, capaz de convertir a esa persona en alguien que cede para amoldarse, que «recorta» su libertad para ponerla al servicio del otro.

Situaciones así se repiten a diario en nuestra sociedad. Hay carencia de una formación sólida y unas creencias con las que abordar la vida en común [3]. Un último caso clínico nos ayudará a sacar más conclusiones válidas.

Matrimonio de clase media. Él se casó con 35 años y ella con 33, tras un noviazgo muy largo: seis años. En el curso del mismo han sido muchas las ocasiones en que lo han dejado, para más tarde retomar la relación.

Al principio ambos sacaban a colación el deseo de dejar de salir ante la más pequeña discusión o

---

[3] Remito al lector al capítulo «Lo básico en el amor». No tener las ideas claras sobre lo que es la vida en pareja es una de las más graves carencias a la hora de comenzar una convivencia.

desavenencia, con lo cual existía en ellos un cierto aprendizaje negativo que les impedía afrontar esas situaciones con otro talante, intentando buscar vías de salida.

«Quizá nuestro fallo está en la cantidad de veces que lo hemos dejado, por pequeñeces o discusiones tontas, sin importancia. Esto hizo que durante el tiempo que estuvimos saliendo nuestra relación no fuera normal —dice el marido— y siempre las tensiones estuvieran presentes de un modo u otro.»

«Mi marido ha sido siempre posesivo, celoso y bastante autoritario. Pensé que con el matrimonio cambiaría y nos entenderíamos mejor, pero no fue así... Por otra parte, creo que pesó mucho que nuestras dos familias se conocieran bastante y vieran como normales esas diferencias y esos cortes... Aunque yo creo que nos han perjudicado, porque siempre han intentado que nos casáramos... Lo cierto es que el mismo día de la boda, yo pensaba que todo saldría mal, como así ha sido luego», dice ella.

«¿Qué nos pasó? —comenta él—. Pues que se repitió lo de años anteriores. Tuvimos dos hijos que al principio nos ayudaron mucho, pues a los dos nos encantan, pero aun así los enfados se sucedían con días sin hablarnos y recriminaciones permanentes. Mi mujer se pasaba los días corrigiéndome, diciéndome las cosas que hacía mal, y muchas veces incluso delante de amigos o conocidos.»

Las tres historias tienen denominadores comunes: experiencias conyugales malas que, desde el principio, cuentan con graves carencias anunciadoras del fracaso; carencias que podrían haberse solucionado si en estas parejas hubieran existido bases psicológicas y humanas de más envergadura, coherentes y constructivas. La *teoría del amor conyugal* consiste en saber que para que funcione una pareja tienen que darse, además de un sentimiento positivo ante el otro, una tendencia, unas ideas y unas creencias comunes. Por otra parte, *es necesario poner en juego la voluntad, la inteligencia y el esfuerzo para acrecentarlo cada día.*

Éstas son las claves de la alquimia del amor: corazón y cabeza.

XI. EL AMOR DURADERO ES POSIBLE

Vuelvo de nuevo al concepto del que me he ocupado en páginas anteriores: el *amor verdadero,* que nace de un enamoramiento firme, apasionante y sosegado, lleno de vida y con capacidad de ser racionalizado; es el que busca el bien del otro. Se es feliz cuando se hace feliz a la otra persona, pero no hablo aquí de una felicidad sencilla y dulzona, sin dificultades, ni frustraciones, fracasos importantes o sufrimientos que hacen mella en la vida. Cuando en los países occidentales se asiste a una boda religiosa, muchas veces no se percibe el paso tan trascendental y serio que dan los contrayentes. Lo mismo sucede en el terreno civil, con la diferencia de que en estos casos la visión sobrenatural no suele existir, aunque se vea compensada por una coherencia existencial arropada de humanismo. Si no es así, el pronóstico de esa relación va a ser más que incierto y dudoso su destino final.

A continuación, voy a ensayar un decálogo para

mantener un amor verdadero siguiendo el método del análisis descriptivo.

1. *Enamorarse y mantenerse enamorado.* Estos son los dos puntos extremos de una relación que necesita ideas claras sobre lo primero, y una voluntad decidida y firme *sobre lo segundo.* Aaron Beck, en un libro reciente, *Sólo con el amor no basta* (1993), insiste una y otra vez en este aspecto. Aquí radica buena parte de los errores psicológicos de base en la forma de entender lo que es la vida de una pareja. Enamorarse supone mucho y poco al mismo tiempo; mucho, porque sirve de motor de arranque para plantearse algo importante, un proyecto que merece la pena con una persona que se descubre valiosa y acorde con el propio estilo, forma de ser y de pensar; poco, porque con la *experiencia de la vida* [1] y el conocimiento de lo que supone compartirla, mantener un amor con el paso del

---

[1] Esta expresión de uso tan coloquial alberga un profundo significado, pues contiene *un saber superior* que refleja el modo en que las vivencias personales se han ido alojando en la historia de uno mismo, depositándose día a día, mes a mes y año a año. Muchos no saben qué hacer con ella o para qué sirve. Es un *caudal de conocimiento íntimo a través de los hechos vividos por una persona, que conducen a un cierto saber a qué atenerse.* Todos ellos nos sumergen en un ejercicio de totalidad, *suma y compendio de sucesos, incidentes, peripecias y circunstancias* por las que uno ha ido pasando. Aranguren la llamaba *saber adquirido viviendo.* Julián Marías dice así: «Se tiene experiencia de la vida cuando, de alguna manera, se ha visto ya la espalda de las cosas, movimiento de ida y vuelta, con una doble operación: ejecución de las muchas experiencias singulares y la decantación de ellas en ese remanso en que adquieren configuración y significación.» Un psiquiatra podría definirla como *visión de futuro con fundamento,* puesto que vemos el porvenir en una suma de conexiones unitarias.

tiempo y los mil avatares y circunstancias que se atraviesan en una existencia requiere de otras armas, que vendrán *a posteriori* y que irán transformando ese amor apasionado en otro más maduro, tejido e hilvanado de generosidad, entrega, renuncia, alegría y olvido de sí mismo.

2. *Conocer el equilibrio entre los sentimientos y la razón.* La diferencia entre enamorarse y mantenerse enamorado está marcada por el tiempo que transcurre entre ambos conceptos, desde la frescura y la lozanía de los sentimientos a cierta racionalidad. Al principio, *todo es* sentimiento, emoción y/o pasión, y varía en función de la edad, el momento, las circunstancias, la propia trayectoria. Más adelante *todo debe ir siendo* más racional, con más conocimiento, pero sin que los sentimientos pierdan sus rasgos, su fuerza inicial y su capacidad para tirar de los argumentos que los vieron nacer. Quizás mucha gente piense que esto no es fácil. Probablemente sea así, pero ahí está el reto: en la ecuación psicológica que transita desde los sentimientos a la razón, teniendo como elemento de unión la olvidada espiritualidad.

3. *Cuidar el amor.* El mejor amor se desmorona, se viene abajo, se hunde y oxida si no se lo cuida. No creo en el amor eterno porque sí, sin más. Creo en el amor hecho y trabajado día a día a base de cosas pequeñas, en apariencia menudas, pero que constituyen el *leitmotif* del amor conyugal, una verdadera labor de orfebrería en la que uno talla, pule, lima y corrige las pequeñas o grandes deficiencias de su conducta, con espíritu esforzado y concreción. ¿Cómo se consigue esto? Volviendo a

las pequeñas contabilidades. Para ello hay que anotar, apuntar, darse cuenta, analizar anécdotas y sacar algunas conclusiones para ponerlas en práctica. Con ánimo decidido y juvenil, uno empieza a mejorar su vida conyugal, yendo a los detalles menores que perjudican la convivencia.

4. *Utilizar las herramientas que nos ayudan a seguir enamorados.* Para consolidar y hacer madurar el amor, contamos con una serie de herramientas. Las dos más urgentes son la *inteligencia* y la *voluntad*. La primera, característica que nos distingue de los animales y que convierte nuestra conducta en inteligente, nos permite conocer lo mejor posible esa realidad y ensayar soluciones eficaces sabiendo diferenciar hechos, planos y actitudes. La voluntad, por su parte, aplica la mejor de sus armas y nos facilita el luchar con orden y constancia para mejorar las bases de la convivencia. Las dos son imprescindibles, aunque hoy cuentan con poca popularidad. Dice el texto clásico: «*Fortes facti sunt in bello*», se hicieron fuertes en la batalla. En pocas palabras: firmeza en el esfuerzo continuado.

5. *Luchar por no descuidar aspectos esenciales del amor.* Los componentes fundamentales del amor conyugal son los sentimientos, especialmente en sus albores, y más tarde la sexualidad, unas creencias comunes, el esfuerzo por facilitar la convivencia diaria, el compromiso fiel y ante un proyecto que no es estático, sino dinámico. A esta serie de componentes —*sentimiento, sexualidad, ideas* y *creencias similares, arte de la convivencia, compromiso* y *dinamismo*— hay que añadir las dos herramientas men-

cionadas con anterioridad, cuya participación está en la antesala de todo lo anterior: la *inteligencia* y la *voluntad*. Quedan así filiados los principales instrumentos de esta gran orquesta. Cada uno desempeña su propio papel, pero se interrelaciona con los demás, formando una estructura.

6. *Saber que la sexualidad desempeña un papel importante en la vida conyugal y que debe estar centrada en la comunicación.* El acto sexual, para que sea un encuentro entre personas y no entre cuerpos, debe ser al mismo tiempo algo *físico, psicológico y espiritual. Físico,* por la unión de dos cuerpos en un éxtasis placentero, debido a la penetración. *Psicológico,* porque se produce un intercambio de lo más típico y peculiar de la naturaleza humana: sentimientos, emociones y pasiones con los que culmina el acto sexual; intercambio afectivo, diálogo misterioso cuyo preludio es la desnudez física que desvela los espacios últimos y recónditos de la persona. *Espiritual,* porque una sexualidad bien entendida y con significado hace más humano al hombre y también más transcendental. *El acto sexual vivido en profundidad es algo sagrado.* Tal es la concepción que ha imperado a lo largo de los siglos en el pensamiento judeocristiano. Hoy, con la *corrupción del lenguaje,* muchos quedan confundidos, desorientados, y a la deriva.

7. *Compartir sentimientos, ideas y creencias, asegura su permanencia.* En las creencias compartidas se encuentra el fundamento, el apoyo que necesitamos, el subsuelo que nos mantiene en pie. La vida en común, tras los primeros entusiasmos, viene

a poner sobre la mesa lo que somos y lo que se encuentra en nuestro interior. *La metafísica de la vida conyugal necesita una manera similar de entender la existencia*; un sistema común de referencias que hacen insobornables la libertad y la verdad. Es preciso contar con una fe y unos ideales comunes, lo que no es cosa baladí, si se quiere mirar en la misma dirección con esperanza.

En un Occidente agnóstico y materialista como el nuestro, resulta urgente el cambio de óptica si no queremos que una de las grandes aventuras como la matrimonial quede suelta, desgajada y a merced del mejor postor. La pensadora rusa Tatiana Goricheva, en sus libros *Nosotros, soviéticos conversos* y *Hablar de Dios resulta peligroso,* nos cuenta su sorpresa al viajar a los países libres de Europa y ver en qué han quedado veinte siglos de cristianismo y otros tantos de judaísmo, una vez adoptados los valores del materialismo. Resulta muy difícil que un matrimonio pueda subsistir si no cuenta con una base fuerte en este sentido y una calidad humana evidente.

8. *Mimar la conciencia diaria con racionalidad.* El drama de la convivencia es el paso del Ecuador más difícil que hay que cruzar para alcanzar una relación estable. No modifico ni un ápice lo afirmado: la convivencia *es dramática,* porque nos deja a cada uno frente a nuestra realidad, frente a lo que de verdad llevamos dentro. No caben escapatorias ni zigzags. El vivir diario clarifica a la persona y la sitúa en su lugar.

La convivencia se compone de distintos elementos que conviene cuidar: el *lenguaje verbal* (lo que se expresa mediante la palabra), el *lenguaje no verbal* (los gestos, el contacto ocular, el tono y el timbre de voz, la expresión facial, la postura), el *contenido de la comunicación* (lo que se dice, la expresión de sentimientos diversos, positivos y negativos, el saber pedir ayuda, disculparse, iniciar y sugerir relaciones sexuales), el *aprendizaje del diálogo* (saber escuchar, decir de forma clara y concreta lo que se quiere decir, ser positivo, flexible, no confundir la sinceridad con las expresiones duras y descalificadoras...) y el inmenso campo que constituye el *aprendizaje de las habilidades en la comunicación conyugal* (asertividad).

La convivencia es un arte que necesita orden mental, observación de los fallos, los defectos y los errores que se van produciendo, búsqueda de soluciones a los conflictos. No hay que perder de vista que sus grandes enemigos son el cansancio del día a día, la falta de novedades de una vida monótona, lánguida e insulsa y el hecho de no compartir cosas ni intercambiar conductas gratificantes.

9. *Comprometerse por encima de todo.* No hay amor auténtico si no existe compromiso; sin él la relación debe recibir otros nombres, pero no el de amor. Si el amor es brindarse, invitar a alguien a participar en un proyecto de vida conjunto, es algo muy serio. Exige la libertad del otro; es más, su libertad queda comprometida en el amor. Pero, al mismo tiempo, debe buscarse ese punto medio, siempre difícil, de no renunciar a ser uno mismo, de mantener la propia personalidad y estar a la vez abierto a cambiar y rectificar lo que no vaya bien y

dificulte los buenos modos. A largo plazo, la relación de dos personas relativamente independientes es mejor que aquella en la que ambos se necesitan en exceso con un nivel tal de dependencia que dificulta el día a día.

Pretender, aspirar a este equilibrio es una meta importante, que requiere una ayuda recíproca para conseguir objetivos concretos en lo sentimental: carácter, trabajo, cultura y vida sexual.

El amor comprometido aspira a la fidelidad, pero ésta no se consigue porque sí ni se regala. La fidelidad es ante todo una actitud, una forma de estar frente a la propia pareja. Está hecha de generosidad y renuncias, y se sustenta en pequeñas lealtades. La perseverancia en el amor no está considerada en la sociedad hedonista y permisiva, pero es de capital importancia. Dado su carácter adolescente [2], esta consideración es vista con sorna e ironía, como algo trasnochado. Pero no es así, porque *la fidelidad hace a la persona íntegra y coherente.* Y no olvidemos que *la coherencia es una de las puertas por las que se accede a la felicidad.*

Así pues, el compromiso y la fidelidad son fundamentales, en un amor por naturaleza dinámico, abierto, amplio, frondoso, con pocos ingredientes

---

[2] En los últimos años se ha producido en la sociedad lo que yo llamaría una cierta *socialización de la inmadurez.* Poblaciones enteras de gente, que al influjo de unos medios de comunicación insignificantes y livianos, especialmente la televisión, *consiguen trivializarlo todo,* volviendo al hombre un ser indefenso, sin criterio, sin norte, perdido, a la deriva, traído y llevado de mensajes vacíos, sucesivos, de apariencia alegre y divertida. Atención al desaliento que se desprende de ahí.

estáticos e invariables. Los años y las vivencias, así como el entorno, van aireando esa relación. Cambia el numerador, pero mantiene sus constantes el denominador. Esto me lleva al siguiente razonamiento: para mantenerse enamorado hay que seguir admirando a la otra persona, por sus esfuerzos en superarse, por la valentía en tantas circunstancias y por haber sabido llevar el amor de los inicios a una amistad honda, recia, generosa y espiritual.

10. *Potenciar la espiritualidad.* Finalizamos este decálogo con una de las dimensiones centrales de la condición humana: la espiritualidad. *Si los sentimientos son la residencia donde se habita, la espiritualidad es el calor de hogar, que quema y abrasa y da fuerzas para continuar.* Hoy existe una clara *represión de la espiritualidad.* Uno de los segmentos claves de la vida está cercenado y otras veces distorsionado. [3] Si bien hay una nueva sensibilidad para el arte de vanguardia, la ciencia y la técnica, la ecología, la solidaridad y tantas cosas positivas..., hemos de retomar los valores más altos, aquellos que hicieron de la vieja Europa la luz más potente en el concierto mundial. Grecia nos dejó el pensamiento

---

[3] Pensemos en la omnipresente televisión. Los anuncios de coches o perfumes están *como espiritualizados* en el lenguaje comercial; un lenguaje melifluo y diluido que parece prometer un paraíso insólito. Y no digamos nada de la *sexofilia* y la *sexocracia*: las relaciones cuerpo a cuerpo sin la más mínima gota de amor verdadero son expresadas también por el lenguaje. No existe un encuentro de persona a persona, de alma a alma, sino una instrumentalización del otro. Son los tiempos que corren. Me niego a aceptarlos y quiero combatirlos poniendo el granito de arena de mis ideas al servicio de quien las comparta.

y la filosofía; Roma, el derecho; el mundo judío, el amor a las tradiciones, el concepto de familia, la estética, lo sobrenatural. El cristianismo supuso una revolución del amor, y en su trayectoria lo más importante no es la doctrina ni el mensaje, sino una persona, Jesús de Nazaret: «Yo soy el camino, la verdad y la vida.» Como dijo siglos más tarde Santa Teresa de Ávila: «Nada te turbe, nada te espante, Dios no se muda, quien a Dios tiene, nada le falta. Sólo Dios basta.»

Los tres grandes núcleos de la existencia parten de la espiritualidad: *la razón, la norma* y *la trascendencia*. De ahí brota el discurso más libre, transparente y prometedor que ha tenido el hombre a lo largo de la historia. Habría que añadir la herencia y el significado del Renacimiento, época en la que se fraguó el concepto del hombre europeo: el culto a la estética, la burguesía y la nueva concepción de la libertad.

UN AMOR INTELIGENTE ES UN AMOR CON CONOCIMIENTO

Como vengo sosteniendo a lo largo de las páginas de este libro, hace falta *racionalizar los sentimientos*, pero sin que éstos pierdan *espontaneidad y fuerza*. Una de las estrategias para lograrlo es a corto plazo, más inmediata, e implica un recorte en las alas del amor por medio de cierto método cartesiano. Sin embargo, a medio-largo plazo se agradece, porque se ven las realidades afectivas de un modo más reposado, sin la pasión inicial que resta nitidez.

En el amor moderadamente desapasionado las personas aceptan los defectos y limitaciones del otro, evitando así su idealización excesiva. Cada uno conserva su libertad, no busca dominar a su pareja y someterla a sus propios criterios. Lo que se pretende es que *cada uno sea él mismo,* que mantenga su identidad, pero buscando acoplarse con el otro.

Conocer a alguien es introducirse en su persona y comprenderla. Lo primero conduce a un viaje hacia la *historia vital interna* [4]; lo segundo, a ponerse en el lugar del otro, meterse en su piel y abrazarlo [5]. Por eso, es frecuente que al ir conociendo a alguien a fondo uno termine por enamorarse, por asumir su pasado y empezar a compartir con él los afanes e ilusiones del futuro. El trato con alguien es siempre conocimiento afectivo e intelectual. Pero ya lo he dicho antes: para enamorarse es necesario un asombro admirativo ante la otra persona, que nos hace valorar si son suficientes sus méritos como para detenerse y replantearse la posibilidad de un cierto compromiso con ella. Si la evaluación que se hace es positiva, da lugar a una conclusión: ese alguien merece la pena. Este uso idiomático —*merecer la pena*— significa que ha servido el esfuerzo y la ta-

---

[4] En el sentido de Unamuno, que hablaba de *intrahistoria,* y en el de Binswanger. La vida enseña más que muchos libros; es la gran maestra. En la historia personal se observan cuáles han sido los principales argumentos, luchas y retos.

[5] *Comprender* viene del latín *comprehendere,* «abrazar». Hay una fase previa: *entender,* «ir hacia, dirigirse buscando al otro, aproximarse». En definitiva, una especie de *feedback* psicológico para captar al otro en su complejidad.

rea de ir conociendo al otro, el trabajo afanoso de descubrirlo paso a paso, con todos los riesgos que ello conlleva. Así, los sentimientos se someten a la criba racional, para hacerlos más libres e independientes.

Por otra parte, aunque al principio son gratificantes, los amores posesivos resultan negativos y perjudiciales, cuando se ve que el otro sufre y se altera al no estar a su lado. Estos amores son causa de muchos conflictos. Por ello, cabe recomendar que ni posesión desmesurada ni libertad sin ataduras: el amor humano es, inevitablemente, *emancipación y sujeción, libertad y prisión.* Asimismo, se hace necesario protegerlo, evitando que se ponga en graves situaciones de riesgo. Desde esa perspectiva debe ser entendido el amor maduro. Proteger es defender, apoyar la relación impidiendo que terceras personas entren en esa intimidad, salvaguardar y tutelar el amor escoltando la intimidad psicológica y sexual. Cuando esto se descuida, el resultado puede llegar a ser imprevisible, al igual que en la siguiente historia clínica que comento:

Se trata de un matrimonio que llevan dos años casados. Él tiene 28 años y trabaja como auxiliar administrativo en un despacho privado. Ella tiene 23 años y trabaja en unos grandes almacenes. Se conocen desde hace siete años. La relación ha sido buena, tanto durante la época en que salieron juntos como en los dos años de vida conyugal.

Al año y medio de casados, él conoció a una mujer que frecuentaba el despacho por asuntos personales: 37 años, separada, con un hijo y, según comenta él, con mucha personalidad. «Era una persona agradable, a la que yo he atendido en bastantes ocasiones, mientras esperaba para hablar con alguno de mis jefes. Siempre me pareció atractiva. Al principio, tomamos café, que yo le ofrecía en el mismo despacho. Se fue creando una amistad entre nosotros y ella me fue contando su vida. Yo me di cuenta de que nos caíamos bien y que siempre que venía lo primero que hacía era preguntar por mí. Pero como era mayor que yo y separada, nunca pensé que pudiera suceder nada entre nosotros.

»Con motivo de su separación, vi algunos papeles que me iba enseñando. Un día, al salir del trabajo, la invité a tomar algo y después quedamos en alguna otra ocasión. Empecé a tenerla en la cabeza: pensaba en ella, me hacía gracia que una mujer tantos años mayor que yo me hiciera caso. Alguna vez que llegué tarde, mi mujer me preguntó que de dónde venía y yo, lógicamente, no le dije la verdad.

»Un buen día salí a cenar con ella, coincidiendo con el hecho de que mi mujer había ido a ver a un familiar fuera de nuestra ciudad. De pronto me besó y se echó en mis brazos. Yo estaba confuso y no sabía qué hacer. Sentía una extraña sensación de satisfacción y desconcierto. Tuvimos relaciones sexuales.

»Seguimos viéndonos. Poco tiempo después, mi mujer me comentó que me encontraba raro, como frío y distante. Yo le dije simplemente que tenía mucho trabajo y que estaba agobiado... pero alguien del despacho le insinuó algo en una de esas llamadas para darme un recado.

»Yo estoy enamorado de ella. Me ha descubierto muchas cosas de mi personalidad. Es una mujer madura que tiene psicología. No es tan mona y joven como mi mujer, pero a mí me atrae más en este momento. No le deseo nada malo a mi mujer, pero no puedo quitarme a esta otra de mi cabeza. Me parece que esto no tiene sentido, lo veo como un sueño, como si en cualquier momento me fuera a despertar.

»Lo que más siento es la reacción de mi mujer y de mi madre. Están hundidas y creo que no es para tanto. Les he explicado que me he enamorado y que mis sentimientos han cambiado, que uno no es dueño de ellos y que la vida es así.»

La entrevista con la mujer también fue muy interesante:

«Mi marido y yo nos llevábamos muy bien en todos los sentidos. Nos conocemos desde pequeños. Sus amigos no se lo creen. Dicen que es imposible que se haya fijado en otra, con lo que a mí me quiere. Estoy destrozada; sólo tengo ganas de llorar. Me dice que todo empezó como un juego, sin importancia, pero que esta mujer se ha ido metiendo en su vida y en su cabeza y que no puede soltarla fácilmente... Mis padres no se lo creen.»

Estamos ante un caso muy representativo de lo que antes comentaba. *Proteger la vida afectiva* es preservarla de las ventoleras del exterior, para que la fidelidad se vuelva más fácil. Es menester saber que ésta se apoya en la *reciprocidad*, por un lado, y en la *voluntad*, por otro. Por la primera una persona evita ponerse en situaciones de riesgo, de peligro evidente, aunque esto cueste y no esté de moda [6], por la segunda se modela el amor, se encauza y se encamina a la consecución de sus objetivos juveniles. El amor maduro necesita derivar en amistad, pero sabiendo que la fidelidad no se la juega uno a la carta, en un día concreto, sino que está hecha de pequeñas lealtades. Exige un compromiso serio con la voluntad. Ambas, fidelidad y voluntad, se ayudan sin estorbarse.

ENTRE LA COMPLICIDAD Y LA AMISTAD

En el amor vemos que debe darse un cierto juego de cercanía y distancia, de proximidad y alejamiento. Su fuerza está muchas veces en la ausencia; o, dicho en otros términos, cuando la persona amada no está presente se percibe más profundamente su presencia. Como dice Antonio Gala en uno de sus poemas:

> *Es en amor la ausencia*
> *lo mismo que la sombra,*
> *que cuanto más se aleja*
> *más cuerpo toma.*

---

[6] Si no se ordena el amor, *si el corazón no está bien protegido*, éste puede escoger rutas sorpresivas e inesperadas: interesantes de entrada, refrescantes, novedosas y con aire lozano, pero a la larga contradictorias, graves e incoherentes.

El hombre poco maduro sentimentalmente depende de los deseos y de la ocasión. El maduro sabe defenderse de aquello que de pronto asoma en su paisaje afectivo, puesto que se ha empleado en la tarea de acorazar y asegurar el amor escogido y establecido libremente, con el *compromiso que éste conlleva.* En el amor adolescente esto no se hace, pues no está de moda, pero sería bueno cuidarlo.

En el amor la ausencia
es lo mismo que el aire:
apaga el fuego chico
y aviva el grande.

El amor cómplice significa convertir al otro en partícipe secreto de lo más íntimo, colaborador y compañero, amigo que está en el sigilo de los propios pasos. Creo que el amor que llega para quedarse debe circular por estos carriles. No es un transeúnte. No va de paso, asomándose a una y otra persona, buscándose más a sí mismo que al otro. Por eso el amor es comprometido; por eso siempre se experimenta una inevitable pérdida de libertad. Da alas y las quita. Abre una puerta y cierra una ventana. Amar es *anunciar*, quedarse atrapado por alguien que merece la pena para uno. Pero amar es también *renunciar* a otras posibilidades y, por supuesto, a uno mismo. Lo he dicho con anterioridad: *no hay felicidad sin un amor de cabeza y corazón, sin aceptar de forma inteligente que es menester renunciar.*

En los amores livianos nada de esto sucede. Como dice Erich Fromm en *El arte de amar* [7], la principal respuesta a la existencia viene dada por el tipo de amor al que nos adscribimos. Maisonneuve, en su tratado *Les sentiments*, dice que los sentimientos tienen una complejidad sigilosa y movediza. Pascal habló del *esprit de finesse*.

Un libro reciente sobre esta materia, *El laberin-*

---

[7] Paidós Ibérica, Barcelona, 1994.

to sentimental de José Antonio Marina [8], nos lleva a considerar los sentimientos como una *experiencia cifrada,* llegando a afirmar que cualquier teoría del amor debe comenzar por una teoría del hombre, porque amar es abandonar la prisión de la soledad. El propio Ovidio, uno de los poetas líricos más admirables de su tiempo, en su libro también titulado *El arte de amar,* nos revela con toda claridad y rigor los puntos fuertes que sirven como fundamento al amor que se inicia para que perdure con el paso del tiempo.

Todo amor grande encierra una pasión por lo absoluto. Hoy, con la degradación de la vida afectiva, llamamos amor a cualquier relación superficial y centrada en la sexualidad. La erotización de la sociedad ha hecho cambiar el panorama sentimental de una forma patente. ¿Hemos mejorado, se ha conseguido que las relaciones del corazón sean de más calidad, más firmes y consistentes? Para mí la respuesta es *no.* En esta nueva situación son muchas las cosas que han influido, pero dos han tenido un especial relieve: el *cine* y la *televisión.*

Hay un excelente libro de Clive S. Lewis, *Los cuatro amores,* en el que se exponen cuatro experiencias esenciales para tomarle el pulso a lo sentimental: el afecto, la amistad, el eros y la caridad. Su tesis se apoya en el pensamiento cristiano: «Los amores humanos merecen llamarse amor siempre que se parezcan a ese Amor, que es Dios.» Incluso

---

[8] Su libro (Anagrama, Barcelona, 1996) nos descubre que la función de la inteligencia no es conocer, sino dirigir nuestro comportamiento: «La razón sin afecto es paralítica y el afecto sin razón es completamente ciego.»

llega a afirmar algo que me parece importante: «Lo más alto no puede sostenerse sin lo más bajo.» Y en cuanto a la amistad leemos: «La amistad es el plato fuerte en el banquete de la vida (...). Los hombres que tienen verdaderos amigos son menos manejables y menos alcanzables. La amistad es el instrumento mediante el cual Dios revela a cada uno las bellezas de todos los demás.»

El amor de complicidad hace a la pareja sustantiva, porque en él se dan, de forma bien combinada, sentimientos trenzados, inteligencia que aclara y distingue y espiritualidad que empuja hacia lo mejor. Julián Marías, en su libro *Tratado de lo mejor* [9], afirma: «El amigo de la moralidad se encuentra precisamente en lo mejor, lo cual es decisivo para la ordenación de la conducta y para esa operación que es vivir.» La atracción queda así fijada con unos soportes que la elevan por encima de los mil avatares de la existencia.

Hay que intentar arriesgarse y analizar *la vida como totalidad.* Hoy observamos una evidente tendencia a la segmentación. Una persona es valorada por su trabajo profesional, pero no por su faceta afectiva. Al mismo tiempo, las revistas del corazón —esos voceros sociales que difunden pautas de convivencia nuevas— hacen justamente lo contrario. Vuelvo, pues, a mis argumentos: *el amor es un producto cultural de primera importancia.* Cuanto más culto es alguien, mejor sabrá querer, porque conocerá los intrincados vericuetos por donde su amor se mueve. Y este amor será de más calidad y refinamiento.

---

[9] Alianza Editorial, Madrid, 1995.

BIBLIOGRAFÍA

ALBERONI, F., *Te amo*, Gedisa, Barcelona, 1996.

BATLLORI, M., *Humanismo y Renacimiento*, Círculo de Lectores, Barcelona, 1995.

BECK, A., *Con el amor no basta*, Paidós, Barcelona, 1990.

BERRY, A., *L'amour en France*, La Table Ronde, París, 1962.

BRUCKNER, P., y FINKIELKRAUNT, A., *El nuevo desorden amoroso*, Anagrama, Barcelona, 1979.

CONSTANTINE, L. L., «Disfunction in open family system», *Journal of Mariage and the Family*, 45, 1983.

COSTA, M., y SERRAT, C., *Terapia de parejas*, Alianza Editorial, Madrid, 1988.

DAVIS, F., *La comunicación no verbal*, Alianza Editorial, Madrid, 1988.

FELIÚ, M. H., y GÜELL, A., *Relación de parejas*, Martínez Roca, Barcelona, 1996.

FERRAND, J., *Melancolía erótica*, Asociación Española de Neuropsiquiatría, Madrid, 1996.

FESTA, P., *Por amor, sólo por amor*, Ed. Grupo Zeta, Barcelona, 1987.

FINKIELKRAUNT, A., *La derrota del pensamiento*, Anagrama, Barcelona, 1987.

FUENMAYOR, A. de, *Legalidad, moralidad y cambio social*, Ed. Eunsa, Pamplona, 1981.

GOLEMAN, D., *Inteligencia emocional*, Ed. Kairós, Barcelona, 1996.

GÓMEZ PÉREZ, R., *Jóvenes rebeldes*, Ed. Prensa Española, Madrid, 1976.

GURMÉNDEZ, C., *Teoría de los sentimientos*, Fondo de Cultura Económica, Madrid, 1981.

——, *Tratado de las pasiones*, Fondo de Cultura Económica, Madrid, 1985.

HAUCK, P., *Cómo hacer funcionar tu matrimonio*, Plaza y Janés, Barcelona, 1985.

HERAS, J. DE LAS, *Viaje hacia uno mismo*, Espasa Calpe, Madrid, 1997.

JAGOT, P., *Psychologie de l'amour*, Dangles, St. Jean de Braye, 1975.

JOHNSON AND JOHNSON, «Attitudes Toward Parenting in Dual-career Families», *American Journal of Psychiatrist*, 134, pp. 391-395, 1978.

JOHNSON, B. L., EBERLY, S., y DUKE, J. T., «Wives Employment Status and Marital Happiness of Religious Couples», *Review of Religious Research*, 29, pp. 259-269, 1988.

KANTER, R. M., *Familiy Organization and Sex Roles in American Communes*, Harper and Row, Nueva York, 1973.

LAÍN ENTRALGO, P., *Sobre la amistad*, Espasa Calpe, Madrid, 1985.

LEMAIRE, J., *Terapias de pareja*, Amorrortu Editores, Buenos Aires, 1974.

LÓPEZ QUINTÁS, A., *El amor humano*, Edibesa, Madrid, 1991.

MACHLOWITZ, M., *Inside Moves*, Careertrack Publ., Colorado, 1994.

MAISONNEUVE, J., *Les sentiments*, Presses Universitaires de France, París, 1964.

MARAÑÓN, G., *Obras Completas*, Espasa Calpe, Madrid, 1973.

MARÍAS, J., *La educación sentimental*, Alianza Editorial, Madrid, 1992.

——, *Mapa del mundo personal*, Alianza Editorial, Madrid, 1993.

——, *Tratado de lo mejor*, Alianza Editorial, Madrid, 1995.

MARINA, J. A., *Teoría de la inteligencia creadora*, Anagrama, Barcelona, 1993.

——, *El laberinto sentimental*, Anagrama, Barcelona, 1996.

MAUROIS, A., *Sentimientos y costumbres*, Sociedad General Española de Librería, Madrid, 1943.

——, *Climas*, Plaza y Janés, Barcelona, 1965.

MEISSNER, M., *et al.*, «Non Exist for Wives Sexual Division of Labor and the Cumulation of Household demands», *Canadian Review of Sociology and Anthropology*, 12, pp. 424-439, 1978.

ORTEGA Y GASSET, J., *Para la cultura del amor*, Ed. El Arquero, Madrid, 1988.

——, *Sobre el amor*, Ed. Plenitud, Madrid, 1957.

PAPALIA, D. E., y WENDKOS, S., *Psicología*, McGraw-Hill, México, 1987.

PIEPER, J., *El amor*, Ed. Rialp, Madrid, 1972.

——, *Una teoría de la fiesta*, Rialp, Madrid, 1974.

——, *Antología*, Ed. Herder, Barcelona, 1984.

Pinillos, J. L., *El lenguaje de las ciencias humanas*, Real Academia Española, Madrid, 1988.

Polaino-Lorente, A., y García Villamisar, D., *Terapia familiar y conyugal*, Rialp, Madrid, 1993.

Rojas, E., *Remedios para el desamor*, Temas de Hoy, Madrid, 1990.

——, *La conquista de la voluntad*, Temas de Hoy, Madrid, 1994.

——, *Madurez de la afectividad*, Conferencia en el Spanish Institute, Nueva York, 14-9-1994.

Rojas Marcos, L., *La pareja rota*, Espasa Calpe, Madrid, 1994.

Rosenzweig, M., y Arnold, I., *Psicología fisiológica*, McGraw-Hill, Madrid, 1992.

Ross, H., Mirovski, J., y Huber, J., «Dividing work sahring work and in-between: marriage patterns and depression», *American Sociology Review*, 48, pp. 809-823, 1983.

Rougemont, D. de, *El amor y Occidente*, Ed. Kairós, Barcelona, 1978.

Scheller, M., *Esencia y formas de la simpatía*, Ed. Losada, Buenos Aires, 1950.

——, *El saber y la cultura*, Editorial Universitaria, Santiago de Chile, 1990.

Stendhal, *Del amor*, Alianza Editorial, Madrid, 1973.

Sternberg, R., *Más allá del cociente intelectual*, Ed. Desclée de Brouwer, Bilbao, 1990.

——, *La sabiduría*, Ed. Desdée de Brouwer, Bilbao, 1994.

THIBON, G., *El equilibrio y la armonía*, Rialp, Madrid, 1981.

VÁZQUEZ, A., *Matrimonio para un tiempo nuevo*, Ed. Palabra, Madrid, 1990.

VILADRICH, P. J., *Agonía del matrimonio legal*, Ed. Eunsa, Pamplona, 1985.

——, *El pacto conyugal*, Rialp, Madrid, 1991.

WILLI, J., *La pareja humana: relación y conflicto*, Ed. Morata, Madrid, 1978.

ZARRALUQUI, L., *El divorcio. Defensa del matrimonio*, Ed. Bruguera, Barcelona, 1980.

ÍNDICE ONOMÁSTICO

ÍNDICE TEMÁTICO